Gerhard Baumann

MEIN BIOGARTEN

Balkon, Terrasse, Garten
Pflegeleicht nach dem Biosystem LUTEWA

Hallwag Verlag Bern und Stuttgart

Umschlagfoto: Interhydro AG, Bern

Fotos:
Institut für Film und Bild in Wissenschaft und
    Unterricht, im Verleih bei Filminstitut Bern:
    S. 18 (aus dem Film: «Leben im Boden»,
    16 mm und Video VHS)
Hallwag AG, Bern: S. 15 (aus dem Taschen-
    buch «Der Rasen»), S. 19 (aus dem
    Taschenbuch «Biologisch gärtnern»)
Rudolf Meyer, Mallorca: S. 117
Schöni, Recycling Products, Jegenstorf: S. 92
Alle übrigen Fotos: Interhydro AG, Bern, und
    Gerhard Baumann (Stammhaus für das
    Lutewa-Biosystem)

Zeichnungen:
Beatrix Nicolai-Hostettler, Bern

© 1985 Hallwag AG, Bern
Gesamtherstellung: Hallwag AG, Bern
ISBN 3 444 50183 8

Inhalt

Gerhard Baumann, geboren 1937, wohnt in Ittigen bei Bern. Nach einer Ausbildung als Baufachmann und Kaufmann arbeitete er drei Jahre lang im elterlichen Baugeschäft und entwickelte dann in den sechziger Jahren das erste funktionierende Hydrokultursystem für Raum- und Außenbegrünung, «Luwasa Hydrokultur».

Neben seiner beanspruchenden Tätigkeit als Firmenmitinhaber im Berner Stammhaus der Interhydro AG beschäftigt er sich seit Jahren mit den heute so aktuellen Fragen des Umweltschutzes, des Recyclings und mit der Entwicklung von Produkten für den biologischen Gartenbau. Sein Ziel ist dabei dasselbe wie bei der Hydrokultur: Auch der Laie ohne besondere Vorkenntnisse soll sich an gärtnerischen Erfolgen erfreuen können.

Wie ich auf den Biogarten kam

Schon als ich das System der «Luwasa»-Hydrokulturen entwickelte, faszinierten mich die Wachstumsgesetze der Pflanzenwelt. Je stärker ich mich in sie vertiefte, desto mehr gelangte ich zur Überzeugung, daß sich die ökologischen Probleme unserer Umwelt nur lösen lassen, wenn wir uns vermehrt in die natürlichen Zusammenhänge der Natur, von der wir ein Teil sind, hineindenken — angefangen bei den kleinsten und unscheinbarsten Mikroorganismen.

Als ich vor vielen Jahren einen Teil des elterlichen Gartens, der nie anders als mit konventionellen Methoden bearbeitet worden war, übernehmen durfte, stellten sich mir Dutzende von Fragen. Im Vordergrund standen die folgenden:

Wie kann ich die Gartenarbeit mit einem Minimum an Zeitaufwand bewältigen?

Wie kann ich einen ausgelaugten und kargen Gartenboden in möglichst kurzer Zeit mit Hilfe von naturnahen Methoden wieder fruchtbar machen?

Wird es mir gelingen, ohne naturfremde Dünge-, Pflanzen- und Unkrautvertilgungsmittel gesundes und qualitativ hochstehendes Gemüse zu ziehen?

Wie nutze ich die mir zur Verfügung stehende Fläche am besten?

Wie erhalte ich am meisten Ertrag?

Wie vermeide ich Rückschläge?

In jahrelangen Versuchen, die mir viel Geduld abverlangten, fand ich allmählich befriedigende Antworten. Auf meinen Erkenntnissen begründete ich ein natürliches und einfach anwendbares Biosystem — das mittlerweile bekannte Biosystem «Lutewa». Es garantiert auch dem Unerfahrenen von allem Anfang an weitgehenden Erfolg. Auf kleinster Fläche, sogar auf Balkon und Terrasse, können mit dieser neuartigen Methode bei wenig Aufwand Kräuter, frische Gemüse, Früchte, Salate oder Beeren gezogen werden.

Jeder durchschnittlich begabte Hobbygärtner kann dank diesem System ohne große Vorkenntnisse bereits im ersten Umstellungsjahr mit nur drei Grundprodukten, auf die ich in diesem Buch näher eingehen werde, erfolgreich «biogärtnern».

Nachdem mein erstes Taschenbuch «Hydrokultur» (Hallwag-TB 154) zahlreiche begeisterte Leser gefunden hat, folge ich gerne der Anregung des Verlags, meine Erfahrungen, die in Hunderten von Bildern und Analysen dokumentiert und deren Resultate zudem von anerkannten Forschungsinstituten bestätigt wurden, weiterzuleiten. Es möge all jenen Nutzen bringen, die in der Pflege ihres Kleingartens — sei es in der freien Natur, auf dem Balkon oder auf der Terrasse — eine sinnvolle Freizeitbeschäftigung suchen oder schon gefunden haben und dabei oft kostspielige Fehlschläge vermeiden möchten. Aus Platzgründen kann ich in diesem Taschenbuch natürlich nicht auf speziellere Probleme eingehen. Der Biogartenfreund findet ausführlichere Informationen in der Fachliteratur. Er kann sich auch an eine der lokalen oder regionalen Organisationen für biologischen Land- und Gartenbau wenden. Dort erhält er zudem Auskunft über Labors, die Bodenproben für Privatgärtner untersuchen.

Ich hoffe mit diesem Band dem naturverbundenen Hobbygärtner eine leichtverständliche, anregende und brauchbare Anleitung in die Hand zu geben, die ihm viel Erfolg und Freude bringt.

Gerhard Baumann

Ein Biogarten braucht nicht unordentlich auszusehen, wie dieses Foto zeigt. Links oben kann man den Blumenturm, in der Mitte den Tomatentuff (zwei Wochen nach dem Anpflanzen) und rechts den Kartoffelturm erkennen.

Warum ein Biogarten?

Nur auf einem gesunden Boden können gesunde Pflanzen gedeihen. Leider müssen viele Böden mindestens teilweise als krank bezeichnet werden; und wo sie nicht krank sind, sind sie zumindest gefährdet. Zu lange sind die natürlichen Kreisläufe in der Natur, die Gleichgewichtszustände, die Verbundenheit alles Lebendigen übersehen worden. Fortschrittsdenken und rücksichtsloses Streben nach Höchstleistungen sowie eine unreflektierte Konsumhaltung haben unsere Zivilisation mehr und mehr von den natürlichen Lebensgrundlagen entfernt. Während Jahrhunderten galt es als das ausgesprochene Ziel unseres Kulturkreises, die Natur und ihre oft unbändigen Kräfte zu zähmen und den menschlichen Zwecken zu unterwerfen.

Wenn wir die Aussicht auf eine lebenswerte Zukunft für uns und unsere Nachkommen nicht ganz aufgeben wollen, kommen wir nicht darum herum, gründlich umzudenken. Vom egoistischen Ich-Denken müssen wir zu einem verantwortungsvollen Wir-Denken gelangen, zu einem Wir, das sich «ahnend in den Dienst der zeitlichen und überzeitlichen Zusammenhänge» stellt, wie Robert Jungk sagt.

Die Zerstörung großer Bodenflächen ist aber auch ein Problem der Länder in der Dritten Welt. Große Überschwemmungskatastrophen auf dem indischen Subkontinent und verheerende Dürreperioden in der Sahelzone sind unter anderem die Folge einer einseitigen Bodenbewirtschaftung und des Raubbaus an der Natur durch den Menschen.

Das angesprochene Umdenken ist längst nicht mehr eine Maßnahme auf der Ebene der Freiwilligkeit. Wir stehen unter dem sich verstärkenden Zwang, rasch zu handeln, bevor es zu spät ist. Weltweit hat die unsachgemäße Bewirtschaftung des Bodens die empfindlichen Ökosysteme aus dem Gleichgewicht gebracht. Das Waldsterben, das viele unserer Zeitgenossen aus der gewohnten Zufriedenheit aufgeschreckt hat, ist nur eines von vielen Alarmzeichen dafür, daß der Mensch auf dem besten Wege ist, seine Umwelt und damit seine Lebensbasis aus Gewinnsucht und Bequemlichkeit zu zerstören.

Zwei Bodenproben aus meinem Biogarten, der nun schon seit sieben Jahren auch Versuchszwecken dient.
Links: *Zustand des Gartenbodens nach drei Jahren ohne Kompostverwendung.*
Rechts: *Schon nach drei Jahren entsteht bei Kompostbeigabe ein krümeliger, dunkelbrauner Gartenboden, der besonders gesund und voller Bodenlebewesen ist.*

Glücklicherweise nehmen immer mehr Menschen tätigen Anteil am Geschehen in der Natur und bekunden ihr Interesse für die natürlichen Wachstumsvorgänge. Die zunehmende Automatisierung der Arbeit in Werkstätten und Büros erweckt zudem das Bedürfnis, mit den eigenen Händen in irgendeiner Form aktiv zu sein. Auch trägt die Arbeit in einem Garten, wie klein er auch sein mag, zur körperlichen und seelischen Bereicherung bei. Der Biogarten kann uns einerseits Erholung vom Alltag schenken, anderseits ermöglicht er uns einen Einblick in die größeren Zusammenhänge der Natur.

Was bezwecken wir mit dem biologischen Gartenbau? In erster Linie versuchen wir, auf naturnaher Basis eßbare und gehaltvolle Pflanzen zu erzeugen: Früchte, Gemüse, Beeren, Salate. Unsere Maßnahmen werden die Fruchtbarkeit des Bodens erhalten, seinen inneren Wert und allmählich sogar den Ertrag steigern. In dieser Hinsicht kann man den Boden mit dem Menschen vergleichen: Wenn er zuwenig Nährstoffe, Vitamine und Spurenelemente erhält, ist er nicht voll leistungsfähig. Es kann also nicht unser Anliegen sein, soviel wie möglich aus dem Boden herauszupressen und ihn damit auszulaugen oder zu überdüngen, sondern ihm die natürlichen Wirkstoffe zuzuführen und ihn als gesunden «Organismus» in seiner vollen Leistungsfähigkeit zu erhalten.

Der Boden hat ein eigenes «Gesicht», aus dem wir ablesen können, ob er gesund und produktionsfähig ist oder krank und ausgemergelt. Biologischer oder «naturnaher» Gartenbau bedeutet, daß wir einen Prozeß der Umsetzung in Gang bringen, in welchem die pflanzlichen und tierischen Abfallprodukte durch Bodenlebewesen abgebaut, in wertvolle Pflanzennährstoffe umgewandelt und den vielfältigen Pflanzen- und Tiergemeinschaften wieder zum Aufbau zur Verfügung gestellt werden. Grundsätzlich geht es darum, dem Boden die dringend benötigten Nährstoffe in natürlicher Form zurückzugeben oder sie ihm zu verschaffen. Damit leisten wir einen kleinen Beitrag zur Gesundung des gestörten Ökosystems.

Gesunde Mischwälder erhalten sich ohne jede Düngung. Das Laub verwandelt sich in einen vorzüglichen Kompost, und nach einiger Zeit entsteht daraus ein guter Dauerhumus von schwarzer Farbe. Einseitige Bepflanzung in sogenannten «Monokulturen» stört das natürliche Gleichgewicht. Der Boden verschließt sich nach und nach, und Schädlinge treffen in dem ihnen zusagenden Umfeld auf keine Feinde mehr, so daß sie sich übermäßig vermehren. Gegen Giftstoffe werden sie im Laufe der Jahre meistens widerstandsfähig (resistent). So ruft Gift nach neuem Gift, Vernichtung zieht neue Vernichtung nach sich. Der gesunde Kreislauf wird abgelöst durch einen Kreislauf immer neuer Krankheiten. Das Resultat dieses unerbittlichen Vernichtungsprozesses sind fischarme oder gar tote Seen, ungenießbares Trinkwasser, verpestete Luft, kranke Böden.

Das Ergebnis einer liebevollen Gartenpflege: frisches, knackiges und gesundes Gemüse.

Wenn wir aus dieser Sicht nach dem Sinn des biologischen Gartenbaus fragen, kann die Antwort nicht einfach lauten: «Weil es uns Freude macht.» Das naturnahe Gärtnern ist zu einer Notwendigkeit geworden, die uns von der Verantwortung gegenüber unserer Nachwelt auferlegt wird. Umwelt- und zukunftsbewußte Menschen zögern aus diesen Gründen nicht länger, auf die neue Methode umzustellen.

Wie steht es nun mit dem Arbeitsaufwand? Darauf kann mit gutem Gewissen geantwortet werden: Er ist auf keinen Fall größer als bei der herkömmlichen Methode, sobald die Phase der Umstellung einmal erfolgreich abgeschlossen ist. In der Landwirtschaft rechnet man für die Bodenumstellung mit zwei bis vier Jahren. Mit dem Biosystem «Lutewa» hingegen erzielt der Hobbygärtner meistens schon im ersten Jahr beachtliche Erfolge, die ihm den Mut zu weiteren Aktivitäten geben.

Das Unkraut, das uns in früherer Zeit so viel Sorgen machte und lange Stunden mühsamen Jätens bescherte, wird dank geeigneten Maßnahmen viel weniger häufig auftreten als zuvor. Zudem erhält es eine neue Bedeutung für uns: Es läßt sich nun auch zum Wohl des Bodens verwerten, indem wir es auf mannigfaltige Weise in diesen zurückführen und nicht einfach nur vernichten. Wir werden die Giftspritze gegen natürliche Vorbeuge- und Pflegemittel eintauschen, was die Gartenarbeit noch gesünder machen wird. Gelingt es doch nicht immer, die giftigen Rückstände durch den Prozeß des Kochens auszuschalten oder entscheidend zu reduzieren. Durch die Arbeit im Garten führen wir unseren Lungen frische Luft und unserem Magen gesunde, vollwertige Nahrung zu, deren Nährwert in rohem Zustand besonders hoch ist.

Daß die Bearbeitung großer Landflächen andere Probleme stellt als der Kleingarten, wollen wir nicht übersehen. Doch beginnen wir im Kleinen! In unserem Biogarten können wir nach Herzenslust experimentieren. Im eigenen Garten, auf der Terrasse, auf dem Balkon lassen wir uns von der Natur in die Schule nehmen und haben teil am Wunder der Verwandlung eines Samens in ein Pflänzchen, zur ausgewachsenen Pflanze und schließlich zur reifen Frucht.

Der Boden als Lebensgrundlage
für Pflanze, Tier und Mensch

Tausende von Hektaren fruchtbarer Erde sind in den vergangenen 25 Jahren neuen Straßen, Plätzen, Geschäfts- und Wohnbauten geopfert worden. Boden wird immer knapper, vor allem ertragreicher, guter Boden. In der heutigen Situation, wo viele Gewässer überaus stark verschmutzt sind und die Luft verunreinigt ist, muß sich jeder einzelne Mensch überlegen, wie er einen persönlichen Beitrag zur Erhaltung der Lebenssubstanz Erde leisten kann.

Das biologische Gärtnern ist in diesem Zusammenhang besonders wertvoll. Mit einem Kleingarten auf dem Balkon oder auf der Terrasse, mit bewachsenen und begrünten Fassaden wird der Luftaustausch gefördert, der Sauerstoff- und Feuchtigkeitsgehalt der Luft erhöht. Die Temperaturen gleichen sich aus, und der Staub in der Luft wird aufgefangen.

Besonders in den Städten sind wir in bedenklichem Ausmaß den Niederschlägen von Schwermetallen wie Blei, Kadmium und Zink ausgesetzt. Aus Öl- und Kohlekraftwerken, aus Fabriken und Feuerungen gelangt das hochgiftige Schwefeldioxyd in die Luft. Wie können wir nun die Pflanzen, die wir ziehen, vor diesen Giften schützen und auch uns selbst weniger Gift zuführen?

Der wichtigste Schutz sind Hecken oder bewachsene Wände, besonders wenn unser Garten an einer Straße liegt. Bei einem wissenschaftlichen Versuch konnte nachgewiesen werden, daß sich der Bleiniederschlag in einem Abstand von zehn Metern von einer Straße auf etwa einen Sechstel der im offenen, ungeschützten Feld anfallenden Menge verringert, wenn sich dazwischen eine Hecke befindet.

Durch gründliches Waschen der pflanzlichen Produkte läßt sich der Bleigehalt reduzieren, während sich die Rückstände von Kadmium und Zink kaum beseitigen lassen. Diese beiden Elemente werden auch durch die Wurzeln aufgenommen. Da sich Kadmium und andere Elemente vor allem in den Blättern und in den Sprossenteilen ablagern (jedoch weniger in den Früchten), ist es ratsam, in einem nahe an Verkehrswegen oder in einem Industriegebiet gelegenen Garten weniger Blattgemüse anzupflanzen und Fruchtgemüsen wie Gurken, Zucchini, Kürbissen, Tomaten, Paprika, Erbsen, Bohnen oder auch Kartoffeln den Vorzug zu geben.

Es ist wichtig zu wissen, daß jede Art von Boden spezifische Vor- und Nachteile aufweist. Wie bei der Zusammensetzung eines Kompostes spielt auch hier die Vielseitigkeit, die ausgewogene Mischung eine große Rolle:

Der **Tonboden** ist elastisch, glitschig und hart; er läßt Wasser schlecht versickern. Aus ihm wird das Grundmaterial für die Ziegel- und Keramikindustrie gewonnen. Seine Struktur ist schwer und dicht. Die Wurzeln der Pflanze können nur schlecht in diese zähe Masse eindringen. Während sich bei Nässe das Regenwasser staut, wird die Erde bei Trockenheit hart wie Ziegelstein. Die im Grunde fruchtbaren Tonböden müssen in ihrer Struktur wesentlich verbessert werden. In schlimmen Fällen wird zur Lockerung Sand untergemischt. Durch tiefwurzelnde Gründüngung sorgt man dann für luftige Hohlräume. Allmählich bauen Kompost und Mulchdecken eine humusreiche Oberschicht auf, die den Pflanzen eine gute Lebensgrundlage geben.

Der **Lehmboden** besteht aus humusreicher Erde. Er weist ähnliche Eigenschaften wie der Tonboden auf, bricht jedoch in trockenem Zustand leicht auseinander und zerbröckelt. Lehmböden können Wasser, Nährstoffe und Wärme speichern. Meist enthalten sie auch Kalk, während der Sandanteil unterschiedlich hoch ist. Je nach Mischung sind Lehmböden locker und humos (reich an Humus) oder fett und schwer. Wichtig für diese Bodenart sind eine regelmäßige Kompostversorgung und die Bedeckung mit Mulch.

Der **Sandboden** ist leicht, rauh und körnig, nicht knetbar und wasserdurchlässig. Er setzt sich aus unzähligen Sandkörnern zusammen, durch die das Regenwasser wie durch ein Sieb rasch hindurchrinnt. Sandböden können weder Feuchtigkeit

Jede Bodenart hat ihren speziellen Charakter und bedarf einer besonderen Pflege. 1 = Ton, 2 = Lehm, 3 = Sand, 4 = Moor

noch Nährstoffe halten. Sie weisen aber den Vorteil auf, daß sie leicht zu bearbeiten sind. Weil die Pflanzen auf Sandböden schnell an Wasser- und Nährstoffmangel leiden, sollte der Biogärtner versuchen, die leichte, körnige Erde mit Humus anzureichern. Dafür eignen sich Kompost und Mulchdecken hervorragend.

Moorboden ist feucht und schwammig und zeichnet sich deshalb durch ein großes Wasserspeicherungsvermögen aus. Er weist von Natur aus wenig Nährstoffe auf. Aus diesem Grunde muß der Gärtner mit tonhaltigem Gesteinsmehl, Kompost, Kalk und organischem Dünger nachhelfen. Moorböden haben ein großes Vermögen zur Wasserspeicherung. Aus ihnen wird der leichte Torf gewonnen.

Der fruchtbare Boden ist der Lebensraum einer Vielzahl von Organismen. Allein von den Bakterien, die auf ganz bestimmte chemische Vorgänge spezialisiert sind, lebt in einem Stück Boden von einem Quadratmeter Fläche eine gute Million! Zusammen mit den Strahlenpilzen (die allerdings keine Pilze im eigentlichen Sinn sind) bilden sie die Gruppe der kleinsten Bodenorganismen. Sie sind jedoch ebenso wichtig wie etwa die Regenwürmer. Denn von den Bakterien ernähren sich die Geißeltierchen, die Wurzelfüßler und die Wimpertierchen. Sie werden wiederum von den Fadenwürmern vertilgt, die im Wasserfilm leben, der die Bodenkrümel als feiner Belag umgibt.

Doch wir haben noch lange nicht alle genannt: Da sind zum Beispiel noch die Springschwänze, die weißen Ringelwürmer, die Schnecken, die Spinnen, die Asseln, die Doppel- und die Hundertfüßler, die Milben (von denen einige als Plagegeister bekannt sind), die Käfer und die Fliegenlarven. Sie alle ernähren sich von abgestorbenem Pflanzenmaterial und zersetzen es allmählich in fruchtbaren Humus.

«Der Pflug ist eine der wertvollsten Erfindungen des Menschen; aber schon lange, ehe er existierte, wurde das Land durch Regenwürmer gepflügt. Es ist wohl wunderbar, wenn wir uns überlegen, daß die ganze Masse des oberflächlichen Humus alle paar Jahre durch die Körper der Regenwürmer geht.» — Diese Gedanken äußerte 1881 Charles Darwin in seiner Studie «Die Bildung der Ackererde durch die Tätigkeit der Würmer». Er errechnete, daß jedes Jahr auf vierzig Aren Kulturland durch Fraß und Ausscheidung der Würmer mehr als zehn Tonnen Erde veredelt und umgeschichtet werden.

Dieser Querschnitt durch einen biologisch gepflegten Gartenboden zeigt etwas überdimensioniert und in symbolischer Darstellung die Wirkweise der Bodenlebewesen: Die Mulchschicht schützt den Boden und dessen Organismen vor extremen Witterungseinflüssen und ernährt Pflanzen und Lebewesen gleichermaßen. Je vielseitiger die Zusammensetzung der Mulchdecke und vor allem des Kompostes ist, desto artenreicher erweist sich das Bodenleben. Die Pflanzen werden vielseitiger ernährt und können sich so besser gegen Krankheiten und Schädlinge schützen. Die darunterliegende Mineralschicht versorgt die Bodenlebewesen und die Pflanzen mit den lebensnotwendigen Spurenelementen.

Oben links: *Kompost- oder Mistwürmer. Man erkennt sie an der rötlichen Färbung und an ihrer Beweglichkeit.*
Oben rechts: *Die Ackerregenwürmer reagieren eher träge, sind länger und dicker als die Kompostwürmer und besitzen meist ein breiteres Schwanzende.*

Links: *Verschiedene Arten von Pilzen sind am Abbau organischer Substanzen beteiligt. Sie beeinflussen weitgehend auch die spätere Qualität des Frisch- und des Dauerhumus* (Bilder 1 und 2). *Eine vielseitig zusammengesetzte Mulchdecke schützt und ernährt die Pflanzen und die Bodenlebewesen zugleich. Hier zieht der Regenwurm ein Stückchen Strohhalm in den selbstgebauten Wurmgang, um ihn später nach dem Einweichen zu verdauen* (Bild 3). *Nach verrichteter «Arbeit» wird die Röhre mit nährstoffreichem Wurmkot verschlossen. So entstehen bei gut belebten, gesunden Böden die sogenannten Wurmhaufen* (Bild 4). *Viele uns bekannte, gut von Auge sichtbare Bodentiere sind auch am Abbau der Mulchdecke beteiligt: Saftkugler, Asseln und Tausendfüßler* (Bilder 5 und 6) *hinterlassen ebenfalls einen nährstoffreichen Kot, der wiederum andere Lebewesen ernährt* (Bilder 7 und 0).

Es gibt zahlreiche Arten von Regenwürmern. Für den Hobbygärtner genügt aber die Unterscheidung von Kompost- und Akkerregenwürmern:

Die **Kompostwürmer** (auch *Mistwürmer* genannt) sind schlank, von rosaroter Färbung und sehr beweglich. Sie vermehren sich schnell und lieben vor allem tierische Mistarten, viel Feuchtigkeit und Wärme. Auf dem Kompostplatz fressen sie (und ihre Helfer) das Material gänzlich auf und verdauen es. Dadurch nehmen sie ihm den Fäulnisgeruch. Hat das Kompostmaterial einen gewissen Grad der Verrottung erreicht, wandern die Kompostwürmer ab.

Die **Ackerregenwürmer** (die gewöhnlichen Gartenregenwürmer) sind graubraun, von längerer Form und dicker als die Kompostwürmer. Ihr Schwanzende ist breit. Sie meiden Faulmaterial und Mistarten und verarbeiten das weiter, was die Kompostwürmer zurücklassen, nachdem diese das Material mit Hilfe von Bakterien und Pilzen vorverdaut haben. Zu ihren Vorlieben gehören vor allem frisch abgebrochene Würzelchen, abgefallene Blätter und Stengelteile, Nährmulch und Kompost. Der Ackerregenwurm besitzt keine Zähne; seine Nahrung verarbeitet er mit kleinen Saugnäpfen oder mit Hilfe der Muskulatur. Mit den frischen oder bereits vorverdauten organischen Materialien nimmt er auch reichlich mineralische Feinteilchen auf: Ton oder Sandkörnchen (bis zu Stecknadelkopfgröße). Dies alles mischt er in seinem Verdauungtrakt und vermengt es mit seinen Verdauungsfermenten. Was er ausstößt, sind feinste Erdteilchen. Der Regenwurmkot oder die Regenwurmerde ist je nachdem, wie sich die Nahrung der Regenwürmer zusammensetzt, reich an Stickstoff (fünf- bis siebenmal mehr als gewöhnliche Erde), Phosphorsäure (siebenmal mehr), Kalium (drei- bis elfmal mehr), Kalk (zweimal mehr) und Magnesium (sechsmal mehr). Mit einer ständigen Bodenbedeckung schaffen wir für den Regenwurm günstige Lebensbedingungen. Dadurch wird die mechanische Lockerungsarbeit praktisch überflüssig. Anderseits wird dem Regenwurm durch den übermäßigen Einsatz von Salzdüngern, chemischen Pflanzenschutz- und Bekämpfungsmitteln die Lebensgrundlage weitgehend entzogen.

Naturnahe Pflanzenernährung

Auf die verschiedenen Zusammenhänge der Pflanzenernährung, wie sie in vielen Fachbüchern ausführlich dargelegt wird, muß und kann ich im Rahmen dieses Buches verzichten. Wie auf Seite 16 beschrieben, zeigt uns die Natur selbst den einfachsten und natürlichsten Weg zu einer harmonischen Pflanzenernährung. Wir sollten uns aber vor Augen halten, wie unsere Vegetation überhaupt entstanden ist: Zuerst lebten alle Pflanzen im Wasser; nach und nach siedelten sie sich in den Sümpfen an, und schließlich entwickelte sich eine vielfältige Gemeinschaft von Pflanzen und Tieren aller Art außerhalb des Wassers.

Herabfallende Pflanzenteile und Kot von allerlei Getier, also organische Substanzen verschiedenster Art, verwandeln sich von Mulch in Frischhumus, später in Dauerhumus. Diese Schichten bilden die Grundlage für eine natürliche und harmonische Ernährung der Pflanzen.

Der Einfluß der Bodenqualität auf Pflanze, Tier und Mensch wurde eigentlich erst seit der Einführung der synthetisch hergestellten Wirtschaftsdünger bzw. seit dem Beginn der Intensivlandwirtschaft genauer unter die Lupe genommen. Nicht jede Pflanze wächst am gleichen Standort gleich gut. So pflanzt man beispielsweise Moorbeetpflanzen nicht in kalkhaltige Böden oder — umgekehrt — kalkliebende Pflanzen nicht in Moorbeete ein. Meistens können wir uns unseren Gartenboden nicht selbst auswählen, sondern müssen mit der Bodenqualität vorliebnehmen, die wir eben vorfinden.

Schon früh entwickelte ich auf diesen Grundkenntnissen das einfach anwendbare Biosystem «Lutewa» nach dem Vorbild des natürlich aufgebauten Bodens: Mulchschicht — Rotteschicht — Frischhumusschicht. Diesen natürlichen Kreislauf kann jeder Gartenliebhaber in seinem Garten in viel kürzerer Zeit als die Natur auf einfachste Weise nachvollziehen, nämlich mit Kompost. Es kommt nicht von ungefähr, daß der Kompost als das «schwarze Gold» des Hobbygärtners bezeichnet wird. Kompost wirkt also nicht nur als Dünger, sondern verbessert

Hier wird eine neue Mulchart (Nährmulch) getestet. Dabei treten große Wachstumsunterschiede zutage. Deutlich erkennbar ist die unkrauthemmende Wirkung. Eine stets vorhandene Mulchdecke verringert auch die Gieß- und die Hackarbeit auf ein Minimum.

nachhaltig die Bodenstruktur und erhöht den Humusgehalt. Je vielseitiger ein Kompost zusammengesetzt ist, desto mannigfaltiger wird auch seine Wirkung sein. Daß der Kompost nicht nur die Pflanzen ernährt, sondern auch die Bodenlebewesen und zugleich vorbeugend gegen manche Krankheiten und Schädlinge wirkt, ist viel zu wenig bekannt.

Jeder Hobbygärtner kann sich seinen Gartenboden analysieren lassen und entsprechende Korrekturen anbringen, vor allem durch intensive Kompostbewirtschaftung. Er wird deshalb auch bei der Wahl der Pflanzen auf die Zusammensetzung des Bodens Rücksicht nehmen müssen. Nach meiner Meinung wird jedoch vor allem im Amateurgartenbau dieser Faktor meistens überbewertet, besonders dann, wenn genügend Kompost zur Verfügung steht.

Die Bedeutung der pflanzlichen Ernährung wurde mir erstmals durch die Lektüre des Buches «Gärtnern ohne Gift» von Professor Alwin Seifert richtig bewußt, und es ließ mir keine Ruhe, seine Kenntnisse durch eigene Versuche zu überprüfen. Tatsächlich kam ich zum Ergebnis, daß krautfäuleempfindliche Pflanzen wie Kartoffeln und Tomaten noch im Spätsommer vor Gesundheit strotzen, ohne daß irgendwelche vorbeugende Maßnahmen getroffen worden waren.

In einem sechsjährigen Versuch wurden zwei Parzellen mit organischem Bio-Mischdünger ernährt, wobei die eine Parzelle zusätzlich Kompost erhielt. Die Resultate waren verblüffend: Der Gartenboden wurde nach und nach krümelig und dunkelbraun; er erwärmte sich im Frühjahr früher als der kompostfreie Vergleichsboden. Bei starken Regengüssen und nachfolgender Sonnenbestrahlung traten keine Risse auf. Im Frühjahr

Nach siebenjähriger Versuchsdauer zeigen sich beträchtliche Wachstumsunterschiede: auf der linken Seite eine Parzelle, die nur mit biologischem Mischdünger ernährt wurde, rechts in Kombination mit Mulch, Kompost und Mischdünger, nach dem «Lutewa»-System (siehe auch Bild Seite 9).

Links: *Eine Kartoffelstaude aus einer biologisch bepflanzten Parzelle nach dem «Lutewa»-System.*
Rechts: *Im Gegensatz dazu eine Staude von Kartoffeln, die ohne Zugabe von Nährmulch und -kompost gezogen wurde.*

Bei den Kartoffeln zeigen sich ebenfalls große Unterschiede: rechts mit Kompost und Nährmulch, links ohne diese. Auch die Gartenerde läßt in Struktur und Farbe deutliche Unterschiede erkennen. Dunkle, also mit Kompost versehene Gartenerde, nimmt mehr Wärme auf und fördert deshalb das Pflanzenwachstum.

und im Herbst war eine außerordentlich starke Regenwurmaktivität zu verzeichnen. Der Krankheits- und Schädlingsbefall war in der mit Kompost versehenen Parzelle praktisch nicht mehr zu beobachten. Die Wachstumsunterschiede erwiesen sich fast bei allen Gemüsen als sehr groß. Auffallend war auch der beachtliche Unterschied im Aroma, besonders bei den Erdbeeren. Die Aussaaten gediehen wesentlich besser, vermutlich durch die krümelige Struktur einerseits und die wärmere Bodentemperatur andersseits, die durch die schwarze Färbung der Erde hervorgerufen wird.

Als Hydrospezialist interessierte mich auch die Frage der Keimfähigkeit und der Haltbarkeit im Vergleich mit Kulturen in verschiedenen Substraten, die mit synthetischen Düngern ernährt werden. Unglaublich, aber wahr: Ein Versuch mit der Kartoffelsorte «Urgenta» zeigte bereits im dritten Jahr deutliche Degenerationserscheinungen, wenn die Kartoffeln in anorganischen, sterilen Substraten mit Salzdüngern ernährt werden. Aus fünf Kartoffeln konnten in einer mit Kompost gedüngten Parzelle 4,5 kg geerntet werden, während es in anorganischen Substraten mit Salzdüngern nur 0,7 kg waren.

Auch der Keimversuch zeigte ähnliche Ergebnisse. So wurden nach einer vier- und einer fünfjährigen Versuchsperiode folgende Resultate erzielt: Nachdem je sieben Kartoffeln in einem Keller bei einer durchschnittlichen Temperatur von 15 Grad zum Keimen gebracht worden waren, nahmen sowohl die Zahl der Keimlinge wie auch deren Länge bei den mit Salzdüngern ernährten Kartoffeln von Jahr zu Jahr ab, im Gegensatz zu den biologisch ernährten Kartoffeln, wo die Keimfähigkeit und der Ertrag im Durchschnitt sogar etwas zunahmen. Dabei ist zu berücksichtigen, daß die Wachstumsbedingungen von Jahr zu Jahr variieren können, bedingt durch andere Einflüsse. Die Durchschnittswerte zeigen aber die großen Unterschiede deutlich.

Zugegeben, hierbei handelte es sich um einen recht extremen Versuch. Trotzdem kann man daraus ersehen, was in unserer intensiven Landwirtschaft durch einen einseitigen Einsatz von Salzdüngern im Laufe der Jahre geschehen könnte. Es kommt nicht von ungefähr, daß immer mehr Mittel, die als Dünger,

*Ein mehrjähriger Versuch mit derselben Kartoffelsorte unter den glei-
chen Bedingungen zeigt deutliche Unterschiede beim Keimtest: Die
synthetisch gedüngten Kartoffeln degenerieren von Jahr zu Jahr mehr,
und die Keimfähigkeit nimmt im Gegensatz zu den mit Kompost und
organischen Düngern ernährten Kartoffeln ab.*

Pflanzenernährer sowie Krankheits- und Schädlingsbekämpfer
wirken, eingesetzt werden müssen, um gleich hohe Erträge zu
erwirtschaften. Vielleicht zeigt dieser bescheidene Versuch
mögliche Wege für die Zukunft.
Aber auch die Wissenschaftler nehmen sich vermehrt dieses
Problems an. 1984 wurde eine Studie über Tomatenversuche
veröffentlicht: Bei drei verschiedenen Kulturmethoden, nämlich
in Erde, Steinwolle und Torf, konnten allein in bezug auf den
Mineralstoffgehalt beachtliche Unterschiede aufgezeigt werden.

Durch das Studium allerneuster Literatur und durch eigene Feststellungen bin ich zur Überzeugung gelangt, daß naturnah oder biologisch gezogenes Gemüse in mancher Hinsicht wertvoller ist als das mit Salzdüngern und in Monokulturen kultivierte. Der Hobbygärtner ist sicher eher in der Lage, in seinem Garten nach naturnahen Methoden zu arbeiten, als der Landwirt oder Gemüsebauer, der ja in viel stärkerem Maße nach wirtschaftlichen Gesichtspunkten arbeiten muß. Dennoch wird auch die Landwirtschaft umstellen müssen, nicht zuletzt auch im Interesse späterer Generationen.

Im Rahmen dieses Taschenbuches ist es leider nicht möglich, diese Probleme eingehender zu behandeln.

Keimversuch mit Kartoffeln: Die mit reinen Salzdüngern ernährten Kartoffeln (links) *brachten im vierten Versuchsjahr nur noch elf Keimlinge hervor, die auf biologisch-organischer Basis gezogenen Kartoffeln dagegen 25 Keimlinge* (rechts)

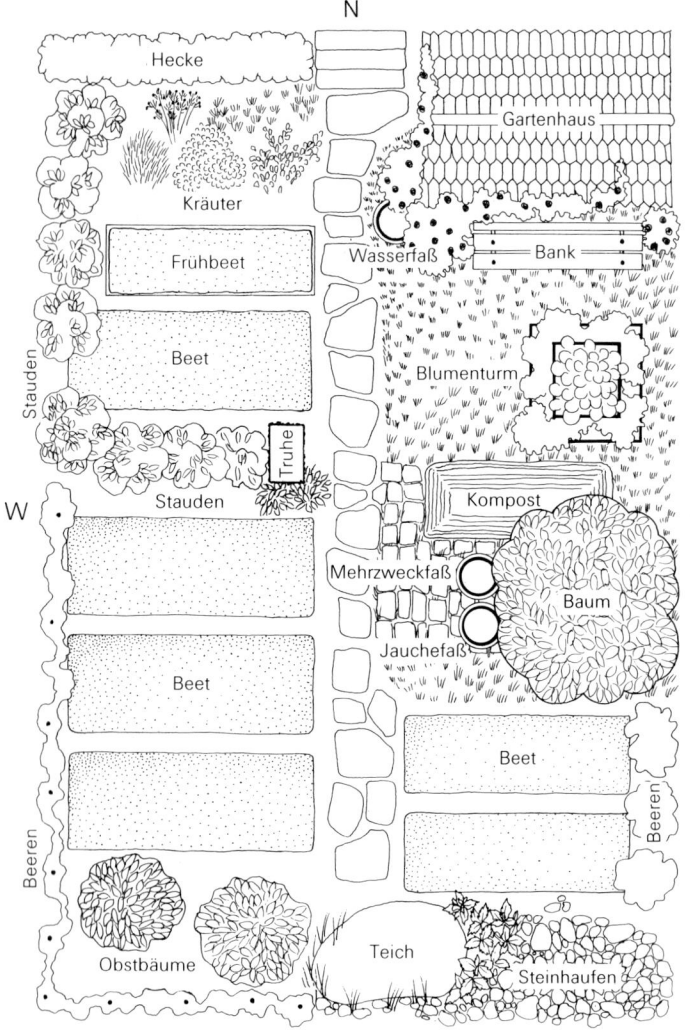

Die Gartenplanung

Praktische Tips

Wir bevorzugen ganz grundsätzlich einen Platz mit möglichst viel Sonne, der auch gegen kalte Winde geschützt sein sollte. Fruchttragende Hecken pflanzen wir deshalb auf der Nordseite des Gartens. Sie bilden so einen natürlichen Schutzwall gegen die rauhen Winde. Zugleich werden sie zu einem Zuhause für Nützlinge aller Art: Vögel, Igel, Eidechsen, Käfer usw.

Den Komposthaufen, unsere «Düngefabrik», setzen wir nicht zu stark der Sonne aus, sondern geben ihm einen etwas versteckten Standort im Halbschatten.

Wir verwenden nur soviel Leitungswasser, wie unbedingt nötig. Bevor wir die Pflanzen mit Wasser begießen, lassen wir dieses einige Tage im Wasserfaß stehen. Noch lieber ist uns Regenwasser, das wir in einer Tonne oder in einem Mehrzweckfaß auffangen. Da es oft mühsam ist, diese Fässer zu entleeren, wurden Mehrzweckfässer mit einem Entleerungshahn versehen, der einige Zentimeter über dem Boden liegt, so daß der Auslauf nicht verstopft wird. Wir können damit auch verschiedene Jauchen herstellen. Ein weiterer Vorteil: Da wir das Wasser an allen Stellen des Gartens benötigen, stellen wir die Wassertonne so auf, daß wir von allen Seiten her guten Zugang zu ihr haben.

Es ist unangenehm, wenn man die Beete in jedem Frühjahr neu herrichten und warten muß, bis der Boden einigermaßen abgetrocknet ist. Mit Hilfe von Gehwegplatten oder Gartengehwegen aus asbestfreiem Eternit kann das stets neue Herrichten der Gehwege vermieden werden. Man kann aber auch Rindenschnitzel oder Holzspäne verwenden. Diese Lösung erweist sich aber als nicht so dauerhaft. Mit Gartengehwegen lassen sich die Beete gut voneinander abgrenzen. Das Jäten entfällt, und wir können kleinere Verrichtungen in den Alltagsschuhen und -kleidern erledigen.

Die Eternitgehwege besitzen eine leicht saugfähige Oberfläche, auf der unerwünschte Eindringlinge, vor allem Schnecken, hängenbleiben, weil ihnen auf dieser Unterlage der Schleim aus-

Oben: *So präsentiert sich der pflegeleichte Biogarten nach dem Versetzen der Gehwege. Nun werden die Gartenbeete mit humusreicher Erde bis etwa 3 cm unter den Gehwegrand aufgefüllt.*

Linke Seite:
Oben links: *Damit der Boden gleichmäßig ausgehoben werden kann, montiert man am Anfang und am Ende der Gehwege sogenannte Fixpunkte.*
Oben rechts: *Die Fixpunkte werden mit einem Visierkreuz (bei kleineren Distanzen auch mit einer straff gespannten Gartenschnur bzw. mit einem Draht) auf die Gesamtlänge übertragen. Nachdem man etwa alle zwei Meter Holzpflöcke eingeschlagen hat, wird der Humus ausgehoben, bis man ein Sandbeet von etwa 5 bis 6 cm Tiefe erhält. Der Humus kann zum Auffüllen der Gartenbeete oder zum Kompostieren (Impfen) verwendet werden.*
Unten links: *Der Sand wird eingebracht und eingestampft. Bei der Verwendung von Holzpflöcken werden die Abzugleisten horizontal (mit Hilfe einer Wasserwaage) verlegt. Den Sand streicht man mit einer Holzlatte glatt.*
Unten rechts: *Die asbestfreien Eternitwege sind leicht zu bearbeiten. Hier mündet ein Nebenweg in einen Hauptweg (a). Das Verlegen der Gartengehwege ist ein Kinderspiel: seitlich Schnüre spannen, die Wege versetzen und leicht festklopfen (b).*

So einfach lassen sich Folien oder Netze an den etwas erhöhten Gehwegrändern befestigen.

Gehwege aus asbestfreiem Eternit sind für Schnecken schwer zu überqueren, denn der Werkstoff entzieht ihnen das Sekret.

Blick auf den Biogarten, der teilweise mit Folien und Netzen geschützt ist

trocknet, so daß sie sich nicht mehr fortbewegen können. Diese Gehwege sind auch als Frühjahrsbeete verwendbar. An den besonders stark ausgebildeten Seitenrändern befestigen wir Gartenfolien, Hartplastik- oder Folientunnel. Selbst bei Regengüssen bleibt auf diese Weise die Sauberkeit des Gartens erhalten.

Den Geräteschuppen oder die wasserdichte Gerätekiste plazieren wir so nahe wie möglich am Haus. In Hausnähe gehören auch das Kräutergärtchen und der Frühbeetkasten, der zeitweise auch zum Einschlagen von Lagergemüse dient. In der praktischen Frischhaltetruhe lassen wir unsere Vorräte überwintern und sparen dabei erst noch Energie. Was man unmittelbar benötigt, läßt sich mit wenigen Handgriffen aus dieser Truhe nehmen.

Wie groß soll und darf unser Garten sein?

Ein Garten soll uns nicht zu stark belasten, sondern vor allem Freude und Erholung bereiten. Wenn wir uns durch die Gartenarbeit angebunden und überfordert fühlen, ist er eindeutig zu groß.

Freude an der Naturbeobachtung, am Ertrag und eine vernünftig bemessene restliche Zeit für unsere Mußestunden sollten in einem gesunden Verhältnis zueinander stehen. Der durchschnittliche Zeitaufwand je Quadratmeter beträgt erfahrungsgemäß rund eine Stunde im Jahr. Fünfzig Quadratmeter Gartenfläche ergeben somit einen jährlichen Arbeitsaufwand von etwa fünfzig Stunden — immer vorausgesetzt, daß man die anfallenden Arbeiten innerhalb nützlicher Frist erledigt. Beim Anlegen von Gehwegen reduzieren sich diese Richtwerte bis zu zwanzig Prozent. Mancher passionierte Gartenfreund verwendet allerdings fast jede freie Stunde für seinen Garten, unabhängig von der Größe.

Ein Garten — und sei er noch so bescheiden — läßt uns viel Spielraum zum Experimentieren, besonders wenn wir noch eine Ecke für ein kleines Biotop reservieren, wenn wir Nistkästen anbringen, im Winter die Vögel füttern, Stein- oder Asthaufen schaffen, der Igeln und Eidechsen Unterschlupf bietet. Sogar die zu Unrecht verachteten Ohrwürmer sind uns willkommene

Gäste, bekämpfen sie doch die unerwünschten Blattläuse gründlich (siehe auch S. 91 f.). Auf diese Weise kann der eigene Garten zur Lebensqualität und zum Wohlbefinden jedes einzelnen Menschen beitragen.

Die Bodenqualität

Zur Gartenplanung gehört auch, daß wir uns vor dem Säen und Setzen über die Bodenqualität Rechenschaft ablegen. Davon wird es in der ersten Zeit maßgebend abhängen, ob unsere Erwartungen erfüllt werden.

Nach Liebigs* Minimumgesetz müssen zehn Grundstoffe, die sich gegenseitig ergänzen, vorhanden sein: Sauerstoff (O), Kohlenstoff (C), Stickstoff (N), Wasserstoff (H), Schwefel (S), Phosphor (P), Kalium (K), Kalzium (Ca), Magnesium (M) und Eisen (Fe). Wasser- und Sauerstoff nehmen dabei den größten Anteil ein, während die übrigen Elemente lediglich in Spuren vorkommen.

Der Boden kann tendenziell zu sauer oder zu alkalisch sein. Als Maßstab dient die pH-Skala mit Werten von 1 bis 14. Reine Salzsäure hat den Wert 1, reine Natronlauge den Wert 14. Fruchtbare Kulturböden weisen in der Regel Werte zwischen 6 und 7 auf und liegen damit ungefähr in der Mitte zwischen dem sauren und dem alkalischen Pol.

Vielfach wird auch der Aktivitätsgrad des Bodens unterschätzt. Damit ist die Zeitspanne gemeint, die es braucht, um organische Stoffe — im Biogarten sind es Mulch, Kompost und organische Dünger — durch im Boden lebende Mikroorganismen abzubauen und in wertvollen Dünger umzuwandeln. Ist der Boden nicht aktiv genug, wird er trotz der Umstellung auf die naturnahe Anbauweise und trotz dem Ersatz organischer Dünger oft nur kleines, mageres und für Krankheiten und Schädlinge anfälliges Gemüse hervorbringen.

Die biologische Aktivität des Bodens kann mit dem Spezialgerät «Lutewa-Bio-Tester» geprüft werden. Es mißt das Kohlen-

---

* Justus Freiherr von Liebig (1803—1873), deutscher Chemiker und Professor in Gießen und München, erwarb sich große Verdienste durch seine physiologisch-chemischen Untersuchungen und durch die agrikulturchemische Begründung der Mineraldüngung.

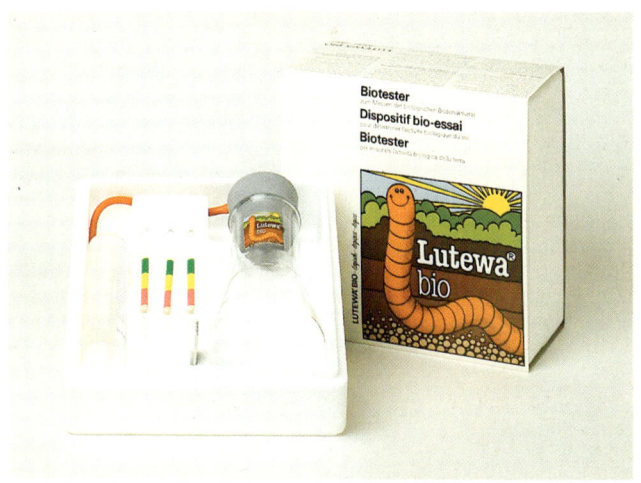

Mit einem Spezialgerät kann die Aktivität der Bodenlebewesen (genauer ihre Atemluft, CO_2) auf einfache Weise gemessen werden.

stoffdioxyd (CO_2), die «Atemluft» der Mikroorganismen. Mit einer anderen Methode mißt man die «zellulosezersetzende Kraft», das heißt, man stellt fest, wieviel Zeit benötigt wird, um zellulosehaltige Stoffe (etwa Zellulosewatte) abzubauen. Besonders während der Umstellungsphase muß viel bioaktiver Kompost vorhanden sein. Nur dann wirken organische Düngemittel.

Bis man die Eigenschaften des für den Biogarten verwendeten Bodens genau kennt, sollte man nicht zuviel Energie verausgaben, zumal Enttäuschungen leicht zur Entmutigung führen. Diesen Rat sollte sich auch der Kleingärtner auf Balkon und Terrasse zu Herzen nehmen, steht ihm doch nicht immer hochwertige Pflanzenerde für seine Töpfe und Behälter zur Verfügung, und oft ist der Standort ungünstig.

So reizvoll das Experimentieren ist, es sollte doch zum Erfolg führen. So ist es zum Beispiel nicht damit getan, ungeeignete Erde einfach mit Torf zu vermischen. Unter Umständen erreicht man so gerade das Gegenteil des Gewünschten. Man prüfe deshalb zuerst, in welchem Zustand die Erde ist, entscheide sich dann für die geeigneten Pflanzen und verbessere die Erde wenn nötig mit geeigneten Maßnahmen, entsprechend den Ergebnissen der Analyse. Vielen Hobbygärtnern ist jedoch dieses Experimentieren bereits zu anspruchsvoll, oder es fehlt ihnen ganz einfach die Zeit, um sich so ausdauernd mit ihren Böden zu befassen.

Hat man wirkliche Problemböden vor sich, beschafft man sich mit Vorteil bei einem Gartengestalter einige Kubikmeter humusreiche, fruchtbare Erde (mindestens vier bis sechs Prozent Humusgehalt). Der Boden wird 8 bis 15 Zentimeter dick mit der neuen Erde überdeckt. Je nach der Qualität des Humus arbeiten wir dann noch mindestens drei bis sechs Zentimeter industriell hergestellten Nährkompost oder Bioerde und zusätzlich einen organischen Mischdünger ein, entsprechend der gewünschten Bepflanzung.

Nach langem Experimentieren mit einer verwirrenden Anzahl von Dünge- und Pflegeprodukten ist es mir gelungen, den biologischen «Lutewa»-Pflanzennährkompost, einen Universaldünger und einen Nährmulch zu entwickeln. Diese drei Grundprodukte enthalten keinerlei Kunstdünger und sind äußerst vielfältig zusammengesetzt. Die meisten der auf den entsprechenden Abbildungen gezeigten Früchte und Gemüse wurden in der biologischen Universalerde angezogen.

Dem experimentierfreudigen Hobbygärtner bleibt es selbstverständlich überlassen, sich seine für Garten, Terrasse oder Balkon benötigte Erde selbst zu mischen, mit selber hergestelltem oder hinzugekauftem Kompost. Ich persönlich habe mit folgendem Mischverhältnis gute Erfahrungen gemacht: je zu einem Drittel Kompost, Torf und Gartenerde. Mit Vorteil bedient man sich der neuentwickelten Geräte und Gefäße, zum Beispiel des auf Seite 105 beschriebenen Mehrzweckgefäßes.

Mit diesen drei Grundprodukten des «Lutewa»-Biosystems — Nähr-mulch, Nährkompost und Universaldünger — kann der Hobbygärtner ohne große Vorkenntnisse biogärtnern.

Was pflanzen?

Ob wir uns für einen Gemüse- oder für einen Ziergarten ent-scheiden, ist eine Frage der persönlichen Vorliebe. In einer Kombination von Gemüse- und Ziergarten verbindet sich oft das Nützliche mit dem Schönen. Nebenbei bemerkt, läßt sich auch die Schönheit von Gemüse entdecken! Im Reifestadium von Gemüse und Beeren leuchtet der Garten oder der Balkon in den prächtigsten Farben. Denken wir nur an die verschiedenen Rottöne von Tomaten und Paprikafrüchten, zu deren leuchten-der Farbe grüner Pflücksalat reizvoll kontrastiert. Solche Misch-kulturen können auf kleinem Raum erstaunliche Erträge liefern. So erntete ich auf einem mobilen Pflanzgefäß von 50 mal 50 cm Größe acht Maiskolben, etwa 160 Buschbohnen und acht volle

Gefäß aus asbestfreiem Eternit. Selbst auf kleinen Flächen lassen sich Mischkulturen anlegen. Der Balkon- und Terrassengärtner schätzt es ganz besonders, wenn der Salat und die Tomaten stets griffbereit sind.

Schüsseln Salat. Eine Möglichkeit bieten auch fruchttragende Hecken (z. B. mit Johannisbeer- oder Himbeersträuchern), was keine Mehrarbeit zur Folge hat. Die Früchte kann man ernten oder den Vögeln überlassen. Als wichtigste Gemüsegruppen gilt es zu unterscheiden zwischen den Stark-, den Mäßig- und den Schwachzehrern. Diese Gruppen müssen unterschiedlich gedüngt werden. Es empfiehlt sich deshalb, sich ganz am Anfang wohl zu überlegen, welche Bedingungen wir für ein gesundes Gedeihen schaffen müssen.

Zu den **Starkzehrern** gehören Blumenkohl, Rot- und Weißkohl, Tomaten, Gurken, Sellerie und Lauch. Ihr Wachstum wird vor allem durch Mischkulturen, Gründüngung und die Zugabe von verdünnter Brennessel- oder Beinwelljauche gefördert. Wer es sich möglichst einfach machen will, verwendet am besten eigenen oder zugekauften Nährkompost und gibt biologischen Universaldünger in fester oder flüssiger Form bei.

Zu den **Mäßigzehrern** zählen Spinat, Salate, Rettich, Fenchel, Möhren (Rüben), Knoblauch und Zwiebeln. Sie müssen nur wenig gedüngt werden, brauchen jedoch reifen Kompost (halbverrotteter Kompost ist ungeeignet).

Zu den **Schwachzehrern** rechnet man die Erbsen und die Bohnen, ferner Gewürze und Heilkräuter. Bei guter Bodenqualität braucht man bei ihnen nur wenig zu düngen. Schlechter Boden ist auch in diesem Fall mit einer maßvollen Zugabe von reifem Kompost zu verbessern.
Wieviel Nährmulch die gewählten Gemüsesorten auch immer benötigen, den Boden sollte man ständig mit eigenem oder gekauftem Mulch abdecken. Man achte auch hier auf die Zusammensetzung. Die meisten Mulchmaterialien, auch jene aus dem eigenen Garten, wirken in erster Linie als Schutz für den Boden; Nährstoffe werden nur sehr langsam freigesetzt. Eine doppelte Wirkung zeitigt hingegen der «Lutewa»-Nährmulch: Er schützt nicht nur die Erde, sondern ernährt auch die Bodenorganismen und die Pflanzen.

Die Gartenbeete

Wie legt man nun die Gartenbeete an? Wenn irgend möglich in der Richtung von Osten nach Westen, denn dadurch wird ein natürlicher Ausgleich in der Besonnung geschaffen. Die Beete werden vom frühen Vormittag bis zur heißen Mittagszeit besonnt und kühlen sich gegen Abend allmählich ab. Extreme Hitze und außergewöhnliche Abkühlung sind gleichermaßen zu vermeiden.

Die übliche Breite für die Beete beträgt 1,20 m. Die Gehwege zwischen den Beeten sind 35 bis 50 cm breit, je nach der Art der Bearbeitung. Wichtig ist, daß wir mit Körben und einem Schubkarren an die Beete herankommen können.

Auf die Möglichkeit, die sauberen Eternit-Gehwege zu verlegen, haben wir bereits an früherer Stelle (S. 30 f.) verwiesen. Natürlich kann man sich auch mit Brettern oder Platten behelfen, doch sind gerade letztere recht kostspielig und zudem nicht witterungsbeständig. Auch kann man Eternit-Gehwege mit wenigen Handgriffen in Frühbeetkästen verwandeln.

Nach der Ernte säubern wir die Beete und verwenden die zerkleinerten Abfälle sowie das Unkraut, das noch keine Samen enthalten sollte, zum Mulchen oder Kompostieren.

Die Werkzeuge

Für die Gartenarbeit benötigen wir einige wenige, aber solide Werkzeuge. Die wichtigsten stellen wir hier kurz vor.

Die **Schaufel** ist ein unverzichtbares Werkzeug für verschiedene Zwecke, zum Beispiel für die Herstellung von Erdmischungen, für das Umschaufeln oder für das Durchsieben des Kompostes.

Die **Grabgabel** dient zum Lockern des Bodens. Auf das Umstechen verzichtet der Biogärtner.

Der **Kräuel** wird ebenfalls für die Lockerung des Bodens verwendet. Außerdem können wir mit ihm den Kompost in die Erde einarbeiten.

Der **Eisen-** oder **Holzrechen** wird vor allem für das Glattstreichen und Ausebnen der Erde verwendet. Wenn wir es mit einer humusreichen, krümeligen Erde zu tun haben, ist der Rechen vorzuziehen.

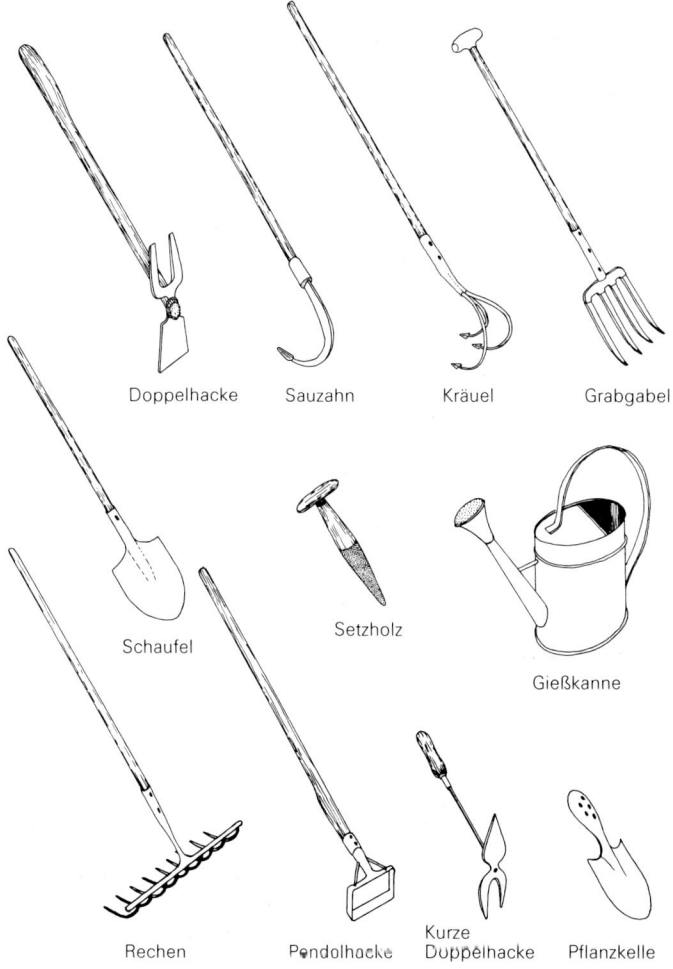

Doppelhacke

Sauzahn

Kräuel

Grabgabel

Schaufel

Setzholz

Gießkanne

Rechen

Pendolhacke

Kurze
Doppelhacke

Pflanzkelle

41

Die **Pendelhacke** ist eine zusätzliche Hilfe in enger angelegten Beeten und eignet sich ebenfalls zum Lockern des Bodens.

Der **Sauzahn** wird zum Lockern der Erde eingesetzt, vor allem dort, wo man lediglich eine tiefere Rinne schaffen oder nachziehen will.

Je nach der Größe des Gartens und der Anzahl von Personen, die sich mit ihm beschäftigen, sollte man diese Geräte mindestens in zweifacher Ausführung anschaffen. Gelegentlich bricht ein Stiel, oder es geht eine Gerät gerade dann verloren, wenn man es dringend brauchen würde. Zusätzlich benötigen wir einen Schubkarren, Eimer in verschiedenen Materialien und Größen, Setzhölzer, Gartenschnur, eine Handschaufel, Frühbeettunnel, Folien usw. Auch Gartenschere und Sichel leisten nützliche Dienste.

In jedem Gartenkatalog ist eine reichhaltige Auswahl an Werkzeugen zu finden, darunter auch Anzuchtgeräte. Man sollte aber nur so viel anschaffen, wie man unbedingt braucht. Nutzlos herumstehendes Gerät ist nur hinderlich. Außerdem ist auch hochwertiger Stahl rostanfällig. Holzstiele faulen schneller, wenn sie im Freien liegengelassen und verregnet werden. Die sofortige Reinigung der Werkzeuge nach verrichteter Arbeit und ihre Aufbewahrung an einem trockenen Platz sind empfehlenswert. Lehm und Erde lassen sich zudem auch leichter entfernen, solange sie noch feucht sind.

«Alles fließt», erklärte vor mehr als 2000 Jahren der griechische Philosoph Heraklit. Diese Weisheit wollen wir auch auf unseren Garten anwenden. Er soll ein Ort lebendigen Wachstums sein, wo wir unsere Phantasie entfalten können. Was wir ganz und gar vermeiden wollen, ist das Vorgehen nach einem starr festgelegten Dünge- und Spritzplan. Mit dieser Methode verlieren wir nur das Einfühlungsvermögen in die natürlichen Zusammenhänge.

Das Gartentagebuch

Erschrecken Sie nicht! Niemand erwartet, daß Sie Ihre Beobachtungen täglich in ein Heft eintragen. Wenn Sie sich aber von den wichtigsten Arbeiten Notizen machen, werden diese Ihnen im nächsten Jahr eine wertvolle Hilfe sein.

Im Mischkulturengarten kann man unmöglich ohne schriftliche Notizen auskommen. Denn wer wird sich an all die verschiedenen Gemüsearten erinnern, die letztes Jahr in seinem Garten gewachsen sind? Notieren Sie sich, wo Sie Setzlinge und Samen eingekauft haben, welche Sorten Sie gewählt haben, wann gesät und gesetzt wurde. Reservieren Sie eine Spalte für spezielle Anmerkungen: Hier werden Erfolge, aber auch Mißerfolge notiert; mutmaßliche Gründe dafür sollten ebenfalls angegeben werden. Aus diesen praktischen Erfahrungen werden Sie in späteren Gartenjahren sehr viel lernen können.

Auch Maßnahmen zum Pflanzenschutz sollten Sie notieren. Vielleicht hat Ihnen ein ganz einfaches, natürliches Mittel gute Dienste geleistet. Wichtige Aufschlüsse geben auch Notizen zu Erfahrungen mit Düngemethoden. Wenn in jeder Beetreihe etwas anderes wächst, numerieren Sie sie. Diese Maßnahme wird spätestens im folgenden Jahr von Bedeutung sein, wenn es um den Fruchtwechsel geht.

Die Vorbereitung der Gartenbeete und Bepflanzungsvorschläge

Vorbereitungen

In einem kleinen Biogarten beschränken wir uns am besten auf die bekanntesten, von uns bevorzugten Gemüsearten sowie auf jene, die am meisten Erfolg versprechen. Dadurch bleiben uns Enttäuschungen am ehesten erspart. Gute Planung ist auch für kleine Flächen unerläßlich. Mit dem Anlegen von Mischkulturen wird es uns gelingen, die Erträge zu verbessern. Aber nicht nur der Mehrertrag spricht für Mischkulturen, sondern auch die vorbeugende Wirkung gegenüber Pilzen und tierischen Schädlingen sowie gegen Krankheiten.

Wenn ein Teil des Rasens zum Nutzgarten umgewandelt werden soll, stechen wir mit einem Spaten quadratförmige Rasenziegel von 25 cm Seitenlänge aus, schichten sie — mit der Grünfläche nach unten und dem Wurzelwerk nach oben — an einer Stelle auf, wo sie uns nicht behindern, und bedecken sie mit einer Plastikfolie oder mit Säcken, Rasenschnitt oder Tannreisig, also mit einem Material, das ein ausgeglichenes Mikroklima bewirkt, damit der Haufen bald verrottet. Spätestens bis zum Herbst kann dieser verrottete Rasen wieder als willkommene Humusgabe auf die Gartenbeete verteilt werden. Die nun offene Fläche lockern wir mit der Grabgabel. Dabei hüten wir uns davor, das abgesteckte Gartenbeet zu betreten; vielmehr stellen wir uns auf den Wegrand oder auf den Rasen und lockern die Erde von der Beetmitte aus gegen uns zu. Die Grabgabel wird bis zum Stielansatz in die Erde gestoßen und vor- und zurückbewegt. Auf diese Weise bearbeiten wir den Boden in Streifen von etwa zehn Zentimetern Abstand.

Mit wenigen Hilfsmitteln lassen sich wunderschöne Blumentürme oder nutzbringende Erdbeeranlagen einrichten. Der zugekaufte oder eigene Kompost wird mit Gartenerde (etwa zur Hälfte) gut vermischt und in einen Holzrahmen eingefüllt. Wer keinen Kompost besitzt, kann sich im Handel biologische Universalerde beschaffen.

Bepflanzungsvorschlag für zwei Beete von 120 cm Breite

Frühjahrsarbeiten: Bereits Ende März oder in den ersten Apriltagen säen wir die Kresse in zwei Reihen am Beetrand. Radieschen säen wir zuerst in einer Reihe; nach einer Woche fügen wir eine zweite Reihe an. Der Spinat folgt, sobald der Boden etwas abgetrocknet ist. Mitte März stecken wir zwei Reihen Zwiebeln in den Boden; auch die Pflücksalate können jetzt gesät werden. Achten Sie dabei auch auf die gefräßigen Schnecken, die gerne auflaufende Saaten kahlfressen.
Anfang bis Mitte Mai pflanzen wir dann die Salatsetzlinge, aber ebenfalls in einem Abstand von einer bis zwei Wochen, damit nicht alle Salate zur gleichen Zeit schnittreif sind. Da es Kohlrabi in zwei verschiedenen Farben gibt, pflanzen wir weiße und blaue Setzlinge. Wenn Mitte Mai die Radieschen und die Kresse abgeerntet sind, hacken wir etwas Kompost oder Volldünger ein und stecken die Buschbohnen. Auch Küchenkräuter kann man nun als gesunde, starke Setzlinge kaufen und am Beetrand pflanzen. Rote Rüben sät man von Anfang bis Ende Mai.

Herbstsaaten: Nach der ersten Ernte räumen wir die Pflücksalate ab und säen wieder frisch aus. Nach der Kohlrabiernte säen wir den Zichoriensalat in die Beetmitte. Von September an kann der Feldsalat (vielerorts auch als Nüßli- oder Rapunzelsalat bekannt), ein gesunder, winterharter Salat, gesät werden. Den Feldsalat wie den Zichoriensalat können wir erst im nachfolgenden Februar/März ernten, den bekannten Endiviensalat hingegen schon im Spätherbst. Er verträgt keinen Frost.

Diese Sorten können beliebig ergänzt oder durch Ihre Lieblingsgemüse ersetzt werden. Mehr über Mischkulturen erfahren Sie auf den Seiten 77 bis 80.

Zwei Saat- und Pflanzvorschläge für Mischkulturenbeete mit 5 Reihen

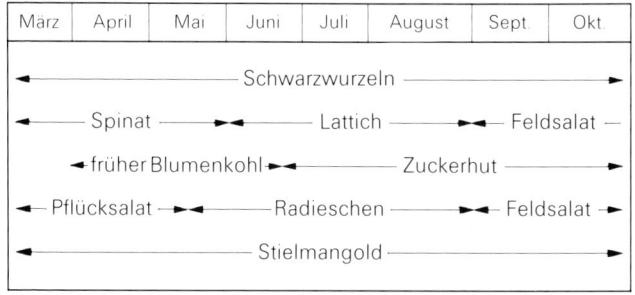

März	April	Mai	Juni	Juli	August	Sept.	Okt.

◄──────────────── Schwarzwurzeln ────────────────►

◄──── Spinat ────►◄──── Lattich ────►◄── Feldsalat ─

◄─ früher Blumenkohl ─►◄──── Zuckerhut ────►

◄─ Pflücksalat ─►◄──── Radieschen ────►◄─ Feldsalat ─►

◄──────────────── Stielmangold ────────────────►

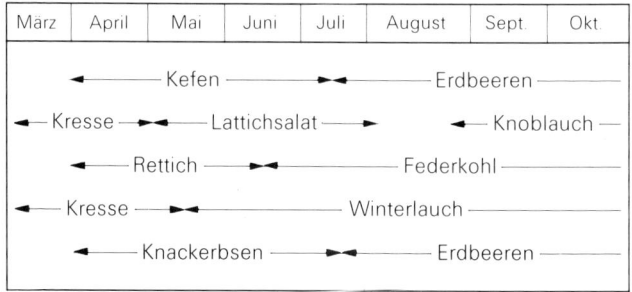

März	April	Mai	Juni	Juli	August	Sept.	Okt.

◄──── Kefen ────►◄──── Erdbeeren ────►

◄─ Kresse ─►◄─ Lattichsalat ────►◄── Knoblauch ─

◄──── Rettich ────►◄──── Federkohl ────►

◄─ Kresse ─►◄──── Winterlauch ────►

◄──── Knackerbsen ────►◄──── Erdbeeren ────►

Viele Bepflanzungsvorschläge aus Gartenbüchern lassen sich nur übernehmen, wenn wir bei der Normbreite von 120 cm bleiben. Falls wir aber schmälere oder gar breitere Beete planen, legen wir weniger oder eben mehr als die üblichen fünf Reihen je Beet an. Wichtig ist es, genügend Reihen- und Pflanzabstand zu wahren, damit das Gemüse volle Sonnenbestrahlung genießen kann. Der Nutzgarten läßt sich selbstverständlich auch in Dreiecken oder Rondellen anlegen. Lassen wir unserer Phantasie ruhig freien Lauf!

Was ist Kompost?

Ein vielseitig zusammengesetzter Kompost ist das «schwarze Gold» des Biogärtners. Unter Kompost versteht man keineswegs einen in eine Gartenecke verbannten Mist- und Abfallhaufen, der mit seinen hochgiftigen Schwefelwasserstoffen, seinem Husten auslösenden Ammoniak und seiner übelriechenden Buttersäure die Umgebung verpestet. Bei einem richtigen Komposthaufen brauchen wir auch nicht zu befürchten, von einem Fliegen- oder Mückenschwarm belästigt zu werden.

Ein Komposthaufen, wie wir ihn uns vorstellen, besteht vielmehr aus organischen Abfällen, die durch Luftzufuhr und entsprechende Pflege verrotten. Abfälle wie bedrucktes Papier, Kunststoffe, Glas und Metalle gehören nicht auf den Komposthaufen! Aus Kehricht und anderen Stoffen aus der Forst- und Landwirtschaft werden die verschiedensten Kompostarten hergestellt: Kehricht-, Müll-, Rinden-, Mist-, Garten-, Naturgarten- und Edelkompost. Man muß sich deshalb genau Rechenschaft darüber ablegen, ob der betreffende schöne Name auch übereinstimmt mit dem Inhalt und mit der Zusammensetzung. Wer in diesem Punkt sichergehen will, orientiere sich anhand der Angaben auf der Verpackung oder erkundige sich bei einer der zuständigen Fachorganisationen, deren Adressen im Anhang zu finden sind.

Weil ich früher selber vor einer wahren Flut von im Handel erhältlichen Produkten stand, hat es mich gereizt, mich auf diesem Gebiet zu betätigen. Die von mir entwickelten und unter dem Namen «Lutewa» erhältlichen Produkte werden nach den Richtlinien der Vereinigung Schweizerischer Biologischer Landbau-Organisationen (VSBLO) hergestellt und auch auf Rückstände hin untersucht. Es handelt sich also um ein einwandfreies Qualitätsprodukt mit einem entsprechenden Zeugnis.

Ein industriell hergestellter Kompost muß nicht besser sein als ein vom Biogärtner selber hergestellter, kann aber wesentlich vielseitiger, gehaltvoller und «sauberer» sein. Kehricht-, Müll- oder Klärschlammkompost sind in der Qualität meist sehr unterschiedlich, entsprechend ihrer Herkunft. Vorsicht ist deshalb am Platz! Es bleibt zu hoffen, daß durch wissenschaftliche Untersuchungen in der nächsten Zeit mehr Licht in dieses oft noch undurchsichtige Gebiet gebracht wird.

Wenn wir selber kompostieren, müssen wir den Abbauprozeß, der in diesem «Biologiezentrum» abläuft, ständig überwachen. Wichtig ist vor allem die gute Durchlüftung, damit die chemischen Abläufe, die sich im Kompost abspielen, wunschgemäß verlaufen.

Um die natürlichen Zusammenhänge zu begreifen, brauchen wir nur einen Querschnitt durch einen gesunden Boden genau zu betrachten. Wer hat nicht schon im Spätherbst auf einem Spaziergang durch einen Mischwald genußvoll mit den Schuhen oder mit einer Rute in der frischen Laubdecke herumgestochert?

Und so entstanden in der Natur während Millionen von Jahren die verschiedenen Bodenschichten:

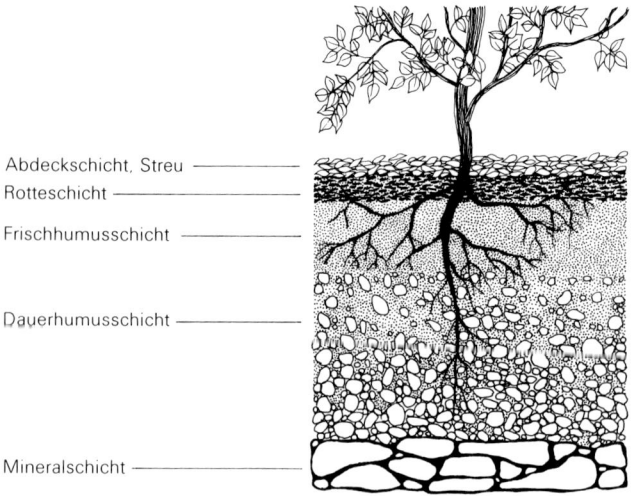

Abdeckschicht, Streu ——————

Rotteschicht ——————————

Frischhumusschicht ——————

Dauerhumusschicht ——————

Mineralschicht ——————

In unserem Biogarten wollen wir nun versuchen, die Natur als Vorbild so gut wie nur möglich zu kopieren. Es ist wichtig zu erkennen, daß wir mit unseren Kulturpflanzen, Gemüsen usw. dem Boden laufend Grünmasse entziehen. Diese sollten wir dem Boden irgendwie wieder zurückgeben. Am einfachsten geschieht dies, indem wir im Haushalt und im Garten besondere Abfallsäcke oder Behälter bereitstellen, die uns das Grundmaterial zu einem guten Kompost liefern.

In den Abfallbergen unserer Zivilisation nehmen die Garten- und Küchenabfälle einen Anteil von rund dreißig Prozent ein. Allein in der Schweiz werden jedes Jahr 100 000 Tonnen Abfälle in Deponien gelagert! Indem wir die Garten- und Küchenabfälle wiederverwenden, können wir die entsprechenden Ausgaben der Gemeindeverwaltung ein gutes Stück verringern. Zudem leisten wir erst noch einen Beitrag zu einer umweltfreundlicheren Abfallverwertung.

Die Kompostherstellung

Was benötigen wir nun für die Kompostherstellung?
Kompostiert wird im Prinzip alles, was wir nicht in den Kehrichteimer werfen müssen: alle gesunden Garten- und Küchenabfälle, Mist, Wolle, kleine Mengen Papier und Karton (kein Buntpapier), Kaffeesatz und gebrauchtes Teekraut, Unkraut, sofern es noch keine Samen angesetzt hat (andernfalls heißkompostieren, siehe S. 61), Rasen-, Sträucher- und Baumschnitt.
Die Abfälle verarbeiten wir mit einem hand- oder motorbetriebenen Zerkleinerungsgerät. Nach dem Zerkleinern mischen wir je Kubikmeter einen bis zwei Liter organischen Mischdünger (zum Beispiel «Lutewa»-Universaldünger) sowie dreißig bis fünfzig Liter Reifekompost oder zugekauften «Lutewa»-Pflanzennährkompost bei. Enthält das für die Kompostierung vorgesehene Material bereits viel Gartenerde oder Mist, kann die Beigabe von Mischdünger und Kompost verringert werden. Bewährt haben sich als Ergänzung auch Horn- und Blutmehl, Steinmehl, natürliche Kompostbeschleuniger usw. Als vorzüglicher Kompostaktivator hat sich alter Kompost (selber hergestellt oder zugekauft) erwiesen.
Zur Beschleunigung des Rotteprozesses wird das Kompostmaterial gut vermischt und angefeuchtet; der Kompost sollte jedoch nicht feuchter sein als ein ausgepreßter Baumwollappen. Bei einer Probe dürfen lediglich Wasserperlen zwischen den Fingern hervortreten, wenn wir das angesetzte Material in der Hand zusammendrücken. Wenn Wasser aus dem Komposthau-

Eine Kompostanlage muß nicht unansehnlich wirken. Nach der Heißkompostierung wird das Material aus dem Silo in Form einer Miete angelegt. Beim Silo sind Seitenwände und Deckel durchbrochen, was für die Luftzufuhr sehr wichtig ist. Im Gegensatz dazu wird bei der Nachrotte das als Miete aufgeschichtete Material zum Beispiel mit Jutesäcken abgedeckt und zusätzlich mit Welleternit oder -blech vor dem Regen geschützt. Bei der Nachrotte darf das Material keinesfalls durch näßt werden.

fen herausläuft, ist dies ein deutliches Zeichen für zu große Wäßrigkeit. In diesem Fall muß trockenes Material beigegeben werden, das ebenfalls gut durchmischt wird. Es ist besser, den Kompost, bevor er zu naß wird, durch Abdecken zu schützen, als zu feuchten Kompost durch Beigabe von trockenem Material neu aufzubereiten.

Das optimale Verhältnis zwischen kohlenstoff- und stickstoffhaltigen Materialien beträgt (nach Dr. H. Vogtmann) 30:1 bis 40:1. Wir benötigen einen Überschuß an kohlenstoffhaltigen Materialien. Sobald der Komposthaufen nach Fäulnis riecht, können wir daraus schließen, daß er durchnäßt ist und daß für die Verrottung zuwenig Sauerstoff zur Verfügung steht. Einen nahezu idealen Stickstoffanteil enthalten Mist, Abfälle von Gras, Gemüse, Obst, frische Blätter sowie viele organische Düngemittel; Holz und Papier sind hingegen stark kohlenstoffhaltig (siehe Tabelle «Bodenverbesserung und Düngemittel», S. 74 f.).

Kompost in den verschiedenen Rottestadien. Links: *mit der Häckselmaschine verarbeitete Garten- und Küchenabfälle.* Mitte: *Kompost nach zwei Wochen.* Rechts: *Kompost nach fünf Wochen.*

Wieviel Kompost brauchen wir?

Je nach seinem Gehalt kann die benötigte Menge variieren. Als Faustregel gilt jedoch, daß sechs bis zehn Liter Kompost je Quadratmeter ausreichen. Dies entspricht etwa drei vollen Schaufeln. Bei humusreichen und gut belebten Böden kommt man mit kleineren Zugaben aus als bei kargen, schwach belebten Böden, wie wir sie meistens vor der Umstellungsphase vom konventionellen zum natürlichen Gartenbau vorfinden.

Nach meinen eigenen Erfahrungen, die auch wissenschaftlich bestätigt wurden, sind während der Umstellungsphase zehn bis zwanzig Liter je Quadratmeter Boden angezeigt, bei zusätzlicher Düngung mit organischem Volldünger, wenn Starkzehrer angepflanzt werden.

Diese Zugaben kann man, entsprechend dem Zustand des Bodens, nach zwei bis drei Jahren auf die Hälfte oder sogar weniger verringern. Je lebendiger ein Boden, desto wirksamer der organische Dünger.

Keine Angst vor Würmern! Sie sind nützliche Helfer (siehe auch Seite 16 ff.) und ein Zeichen dafür, daß unser Komposthaufen lebt. Am Abbau sind Millionen von Kleinlebewesen beteiligt. Zuerst fallen uns meistens die kleinen Mistwürmer auf. Wenn der Haufen schon zusammengeschrumpft ist, tauchen die Regenwürmer auf.

Obschon es zahlreiche Anleitungen gibt, wie man guten Kompost herstellt, ist dies in der Praxis oft nicht ganz einfach. Eine ständige Kontrolle, ob der Reifeprozeß im erwünschten Sinne vor sich geht, ist deshalb unerläßlich. Auch dürfen am Ende keine pflanzlichen Schadstoffe mehr vorhanden sein. Um dies zu prüfen, gibt es mehrere Methoden. Eine der einfachsten ist der Kressetest, den wir im Kapitel «Die Methoden des Kompostierens» (Seite 58 ff.) ausführlicher behandeln. Noch nicht reifen Kompost müssen wir von neuem umsetzen, eventuell durch ein grobes Sieb, damit sich die Mikroorganismen neu aktivieren. Der Kompost kann jedoch auch überreif sein und einen zu hohen Nährstoffgehalt bzw. Salzgehalt aufweisen. Auch dies läßt sich überprüfen, indem man den Kompost mit je einem Drittel Torf oder noch besser Gartenerde vermischt und nochmals den Kresse- oder Salattest durchführt.

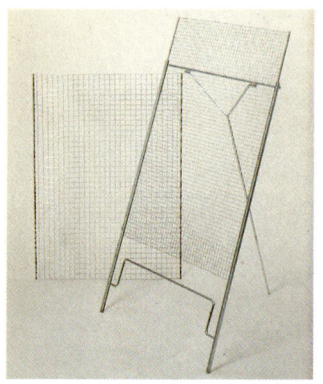

Links: *Dieses Mehrzweckwurfsieb bietet zwei wichtige Vorteile: Die stark beanspruchten Siebe können mühelos ausgewechselt werden, und es stehen zwei verschiedene Maschenweiten zur Verfügung. Das feinere Sieb verwendet man für die Herstellung von Aussaaterde (je zu einem Drittel Torf, Kompost und Gartenerde), das gröbere für die Herstellung von Flächenkompost. Halbreifer Kompost kann so ausgesiebt und zum Abdecken verwendet werden.*

Rechts: *Das Einstichthermometer ist unentbehrlich für die Heißkompostierung. Es kann aber auch zum Messen der Bodentemperatur (z. B. bei Frühbeetkästen) verwendet werden.*

Entscheidend ist natürlich immer wieder die Qualität der Erde. Wie viele Hobbygärtner haben trotz allen Bemühungen über Jahre hinweg stets von neuem Enttäuschungen erlebt! Ich kenne Fälle, in denen Hobbygärtner im Laufe der Jahre über fünfzig Dünge- oder Hilfsmittel zum Einsatz brachten, ohne daß sie je zu einem befriedigenden Resultat gelangten. An solchen Orten setze ich das von mir entwickelte Biosystem «Lutewa» besonders gern zu Testzwecken ein.

Vollkommener Erfolg wird aber nur dann erreicht, wenn die drei systembezogenen Produkte Nährmulch, Nährkompost und Universaldünger gleichzeitig und der Gebrauchsanweisung entsprechend zur Anwendung gelangen. Diese Systemprodukte wurden durch anerkannte Labors und Institute auf Herkunft, Zusammensetzung und allfällige Schadstoffrückstände geprüft. Der Einsatz von genügend und vielseitig zusammengesetztem Kompost, kombiniert mit einer geeigneten organischen Düngung, bringt bereits nach kurzer Zeit beachtliche Erfolge.

Weitere Faktoren gilt es zu beachten: So sind das Einschleppen von Schneckeneiern in die Kompostieranlage und das Kompostieren von samentragendem Unkraut zu vermeiden. Ich werde im folgenden Kapitel näher darauf eingehen.

«Ist das Kompostieren denn eine solche Kunst?» wird sich mancher Leser nun fragen. In gewissem Sinne darf man diese Frage sicher bejahen. Der Kompost gehört zum A und O der «Gartenwissenschaft». Aber oft läßt sich auch beim besten Willen nicht das richtige Material in genügender Menge beschaffen. Dann greift man mit Vorteil auf ein bewährtes System zurück, das zahlreiche Möglichkeiten zwischen der ausschließlichen Verwendung von Hilfsprodukten und eigenem Experimentieren offen läßt, indem man die drei Grundprodukte von «Lutewa» den Erfordernissen entsprechend einsetzt.

Die Methoden des Kompostierens

Mulchen

Das für den Anfänger wohl etwas ungewohnte Wort «Mulch» stammt aus dem Englischen *(mulch)* und bedeutet nichts anderes als «Deckschicht».

In der freien Natur wird der Boden vom Laub, von Nadeln und anderen pflanzlichen Überresten immer von neuem wieder bedeckt. So kann das Material allmählich verrotten. Genau dieses Prinzip ahmen wir mit unserem Mulch nach. Dazu verwenden wir Heu und Emd aus der Naturwiese (wenn möglich ohne Samenträger), die nur ein- bis zweimal in einer Jahreszeit gemäht werden sollte (auch Rasenschnitt eignet sich). Andere Materialien wie zum Beispiel getrocknete Gemüseabfälle, gesundes Bohnen- oder Erbsenstroh, Beinwell- oder Liebstöckelstauden usw. schneiden wir nicht zu grob und füllen sie in Jutesäcke ab, die wir über den Winter in einem möglichst trockenen Raum lagern.

Nach den ersten Saaten dient uns dieses Material als Bodenbedeckung. Während der Vegetationszeit stehen uns dann — mindestens zeitweise — auch Rasenschnitt, frische Gartenabfälle und anderes zur Verfügung. Wo zuwenig von diesem natürlichen Material beschafft werden kann, greift man auf Cartalit oder «Lutewa»-Nährmulch zurück. Cartalit schützt vor allem den Boden, wird jedoch nur langsam von den Bodenbewohnern abgebaut.

«Lutewa»-Nährmulch ist ein vorkompostiertes Abdeckmaterial, das die Bodenbewohner erstaunlich rasch zu wertvollem Dünger verarbeiten. Es sei an dieser Stelle nochmals daran erinnert, daß wir den Boden nicht umgraben, sondern lediglich lockern. Durch die Bodenbedeckung bleibt der Boden immer feucht und krümelig. Wenn wir die zuvor genannten Hilfsmittel zum Mulchen verwenden, werden die Schnecken und das Unkraut ferngehalten. Zudem wird das Leben der Mikroorganismen, die den Kompost und den Mulch allmählich abbauen, nicht gestört.

Die Qualitätsunterschiede von Mulchmaterial sind beträchtlich. Rasenschnitt (oben links) *und anderes Grünzeug sollten nur dünn aufgetragen werden. Aus Baumrinde und Holz* (oben rechts) *hergestellter Mulch eignet sich weniger für den Gemüseanbau und ist vor allem zum Abdecken von Ziersträuchern aller Arten verwendbar. Selbsthergestellter Mulch aus gedörrten Brennesseln, Beinwell, Liebstöckel und Gemüseabfällen* (unten rechts) *ist für den Biogarten besonders gut geeignet. Das unter der Marke «Cartalit» angebotene strohhaltige Mulchmaterial* (unten links) *ist in seiner Wirkung neutral und schützt vor allem das Bodenleben. Der im Handel erhältliche («Lutewa»-) Nährmulch* (Mitte) *schützt und ernährt Bodentiere und Pflanzen gleichermaßen. Dieses Mulchmaterial setzt sich aus verschiedenen, vorkompostierten pflanzlichen Teilen und Mistarten zusammen. Es ist bei Regenwürmern besonders beliebt.*

Flächenkompostierung

Wer sich für das Kompostieren noch keine Erfahrung angeeig-
net hat und auch nicht über genügend Reifekompost verfügt,
beginnt am besten mit der Flächenkompostierung. Das Beschaffen von Kompostmaterial ist schlechtem eigenem Kompost vorzuziehen. Will man fremdes und eigenes Material mischen, kann man geeignete Abfälle in einer Miete (siehe S. 52)
oder in einem Silo während einiger Wochen bei genügend Luftzufuhr verrotten lassen. Man erhält dann einen halbreifen Kompost, der sich für die Flächenkompostierung eignet. Damit wird
das Bodenleben wirksam aktiviert. Auf jeden Fall halte man sich
strikte an Material von guter Qualität, das keine Schadstoffe
enthält. Andernfalls wird das Wachstum der Pflanzen gehemmt
oder gar ganz verhindert!

*Heißkompostierung. Im Innern des Kompostbehälters wurde ein aus
Maschendraht hergestelltes Entlüftungsrohr eingebaut und unterirdisch
bis zum Backstein (auf der rechten Seite sichtbar) weitergeführt. Damit
ist eine gute Luftzirkulation gewährleistet. Links ist eine angefangene
Miete für die Nachrotte zu sehen.*

Heißkompostierung

Unter Heißkompostierung versteht man eine Methode, bei der sich das Kompostiergut innerhalb einiger Tage auf fünfzig bis siebzig Grad Celsius erhitzt. Um die erforderlichen Bedingungen herzustellen, wird eine bestimmte Masse (200 bis 300 l) benötigt, damit die Heißkompostierung richtig in Schwung kommt. Viel Grünmasse, stickstoffhaltige, getrocknete Dünger aller Art und frischer Mist ergeben hohe Temperaturen, im Gegensatz zu holzigen und erdreichen Materialien. Außerdem müssen Komposttonnen in einem Zug ganz aufgefüllt oder entsprechende Walme angelegt und luftdurchlässig zugedeckt werden. Zu trockenes oder zu feuchtes Material verhindert, daß die Temperatur die gewünschte Höhe erreicht. Die Wärme läßt sich mit einem Einstichthermometer messen. Nach vier bis sechs Wochen sollte der Kompost gerade noch handwarm sein.

Kompostherstellung auf Balkon und Terrasse

Die folgende einfache Methode eignet sich besonders für den Balkon- oder Terrassengärtner, dem vielleicht nur wenig Platz zur Verfügung steht: In einen Plastikbehälter füllt man die Küchenabfälle, die man vorher gut zerkleinert hat. Dazu fügt man ein Drittel Pflanzennährkompost oder biologische Universalerde und mischt diese Komponenten gut durcheinander. Neuerdings gibt es auch ein Mehrzweckgefäß mit Deckel (Inhalt: zwanzig bis fünfzig Liter, siehe S. 105).

Wer kein Mehrzweckgefäß mit Deckel besitzt, bedeckt den Behälter mit einer gelochten Folie. Der Behälter wird wenn möglich auf der Südseite des Balkons oder der Terrasse ins Sonnenlicht oder in einen Raum mit zwanzig bis 25 Grad Celsius gestellt. Alle fünf bis sechs Tage wird das Kompostiermaterial gut durchmischt und, wenn nötig, angefeuchtet. Innerhalb von vier bis acht Wochen, je nach der Zusammensetzung des Materials und der Temperatur, entsteht auf diese Weise ein bereits verwendbarer Kompost.

Der Kressetest

Wer selber Kompost herstellt, sollte vor allem dann einen Kressetest durchführen, wenn der Kompost für die Herstellung ei

Auch auf Balkon und Terrasse kann man kompostieren. Gut zerkleinerte Küchen- und Pflanzenabfälle werden mit einem Drittel «Lutewa»-Pflanzennährkompost vermischt und in das Mehrzweckgefäß (mit Haube) eingefüllt. Das Material anfeuchten, wenn es sich bei der Handprobe trocken anfühlt. Innerhalb von vier bis fünf Wochen hat man bereits brauchbaren Kompost, allerdings nur, wenn das Gefäß durch die Sonne regelmäßig erwärmt und das Kompostiergut mindestens einmal in der Woche durchlüftet wird.

ner Aussaaterde verwendet wird oder in größeren Mengen hergestellt werden soll. Unreifer oder auch zu nährstoffreicher Kompost kann Schadstoffe enthalten oder einen zu hohen Salzgehalt aufweisen. Bei warmfeuchtem, sonnigem Wetter ist die Verbrennungsgefahr geringer als bei naßkalter, trüber Witterung.

Nach meinen eigenen Erfahrungen ist der Kressetest am zuverlässigsten, wenn er in einem Zimmer am Fenster, wenn möglich bei ausgeglichener Lufttemperatur, zwischen 18 und 20 Grad Celsius, durchgeführt wird.

Das Vorgehen ist sehr einfach: Man füllt eine mindestens drei Zentimeter hohe Schale, zum Beispiel einen Topfuntersatz, mit angefeuchtetem Kompost und eine weitere Schale mit einem Gemisch, das je zur Hälfte aus Kompost und Torf besteht. Das Substrat wird leicht angedrückt und die Kresse gesät. Anschließend wird eine zwei Millimeter dicke Schicht darübergezogen und mit einer feinen Brause oder einem Bestäuber leicht angefeuchtet. Dann werden die Schalen mit einer dünnen Plastikfolie abgedeckt und ans Fenster gestellt.

Nach etwa sechs bis acht Tagen sollte die Kresse unter den genannten Bedingungen zu keimen beginnen. Bei wärmeren Tem-

Kressetest: Mit Kressesamen kann festgestellt werden, ob der Kompost reif ist und auch im Anzuchtbeet verwendet werden darf.
Links: *Aussaat in unreifem Kompost — Die Keimung ist schlecht.* Mitte: *Der mangelhafte Wuchs zeigt, daß der Kompost noch mit Schadstoffen belastet ist.* Rechts: *Reifekompost, in dem die Kresse erfolgreich wächst.*

peraturen, also über zwanzig Grad Celsius, kann die Keimung schon etwas früher eintreten, bei tieferen Temperaturen etwas später.

Rasche Keimung bei gleichzeitiger Bildung von dunkelgrünen Keimblättern zeigt an, daß der Kompost gebrauchsfertig ist. Keimt dagegen die Kresse überhaupt nicht oder nur schlecht, entwickeln sich verkrüppelte oder gelbe Keimblätter, wird die Kresse gelb oder sogar braun, dann muß der Kompost noch einmal umgesetzt und einer Nachrotte unterzogen werden. Verläuft der Kressetest bei einer Mischung von einem Teil Kompost und einem Teil Torf positiv, ist eine Verwendung als Flächenkompost oder bei einer entsprechenden Verdünnung mit Gartenerde, Torf usw. ebenfalls möglich.

Die Jauche

Die hier gemeinte Jauche darf nicht verwechselt werden mit der tierischen Düngejauche. Diese steht dem Hobbygärtner ohnehin nicht zur Verfügung. Im Grunde genommen ist Jauche nichts anderes als flüssiger Kompost. Um Jauche herzustellen, benötigt man allerdings einen kleinen Garten. Als Behälter wählt man am besten Holz-, Zement- und Steinguttonnen oder Kunststoffbehälter. Von Metallbehältern raten wir ab, da sie von der Säure angegriffen werden. Unsere Jauche stellen wir auf rein pflanzlicher Basis her, mit allen wildwachsenden Kräutern, für die wir keinen Gebrauch haben: Brennesseln, Beinwell, Farn, Pfefferminz, Kamille usw.

Die Jauche eignet sich vor allem als zusätzliches Düngemittel für die Starkzehrer wie Kohlgewächse und Mais. Auf hundert Liter Wasser gibt man acht bis zehn Kilogramm frische Pflanzen bei. Da die Jauche während der Gärung stark schäumt, füllen wir den verwendeten Behälter nicht ganz mit Wasser auf, sondern lassen einen oberen Rand von etwa zehn Zentimetern frei. Die Pflege der Jauche ist von großer Bedeutung. Mit einem Stock muß sie täglich tüchtig umgerührt werden, damit genügend Sauerstoff zugeführt wird.

Nach Howard gibt man täglich auf zehn Liter Flüssigkeit eine Handvoll Stein- oder Lavamehl oder spezielle geruchbindende Mittel bei, zum Beispiel Algenprodukte. Die Zugabe von Stein-

oder Lavamehl ist notwendig, um die Jauche mit genügend Mineralstoffen zu versehen. Wenn die Jauche nicht mehr schäumt und eine dunkle Farbe angenommen hat, ist sie vergoren. Einige Autoren empfehlen auch, die Pflanzen in einen Sack zu legen, damit die Rückstände den Ausguß nicht verstopfen. Man kann aber die Jauche ebensogut mit einer Gießkanne abschöpfen und zusätzlich eventuell noch filtrieren.

Vor dem Ausbringen der Jauche muß man sich vergewissern, daß der Boden etwas angefeuchtet ist. Auch soll die Jauche nie bei starker Sonne ausgebracht werden, sondern ausschließlich am frühen Morgen, am Abend oder bei bedecktem Himmel. Wer sich darüber eingehender informieren will, konsultiere das Buch «Naturgemäßer Gartenbau» von Mario Howard (Verlag Disertina, 1983).

Als Jaucheersatz empfehlen wir den biologischen Flüssigdünger von «Lutewa».

Erfolgreich gärtnern
mit Kompost «aus der Fabrik»

Seit vielen Jahren werden Abfälle auf verschiedenste Art entsorgt. Sogenannte «wilde» Deponien werden erfreulicherweise mehr und mehr durch geordnete und kontrollierte Deponien abgelöst. Aber auch das Sortieren der Abfälle durch die Konsumenten hat große Fortschritte gemacht — denken wir nur an die Glas- oder Aluminiumsammelstellen.

Auch ich befasse mich seit vielen Jahren ernsthaft mit der Verwertung, dem Recycling, von organischen Abfällen. So ergab es sich eigentlich ganz von selbst, daß ich mir meine jahrelangen Erfahrungen beim Kompostieren im Hobbygarten für die industrielle Kompostierung zunutze machte. Hier gelten nämlich die gleichen Prinzipien wie im Hobbygarten, nur mit dem Unterschied, daß sich allfällige Kompostierfehler entsprechend multiplizieren. Weil man sich solche Fehler aus finanziellen Gründen nicht leisten kann, wird der Kompostierprozeß mit modernsten Geräten überwacht.

Je vielseitiger sich das Kompostiermaterial zusammensetzt, desto gehaltreicher und wirkungsvoller wird der Kompost. Um zu einem befriedigenden Ergebnis zu kommen, gilt es einige Punkte zu beachten, denn es geht hier nicht um die Herstellung von zwei bis drei Kubikmetern Kompost, sondern um Tausende von Kubikmetern für Zehntausende von Hobbygärtnern, die entweder über zu wenig eigenen Kompost verfügen oder nicht die Möglichkeit haben, eigenen Kompost herzustellen, und für solche, die lieber darauf verzichten, weil es ihnen zu kompliziert ist.

Der von mir entwickelte «Lutewa»-Pflanzennährkompost und die «Lutewa»-Universalerde enthalten über vierzig organische und mineralische Komponenten, die zum Teil hochwertige Eigenschaften aufweisen. Anderseits wird es immer schwieriger, größere Mengen an sauberen und gehaltvollen Abfällen zu beschaffen. Wenn sich unsere Wegwerfgesellschaft vermehrt um das Aussortieren kümmern würde, könnten noch Zehntausende oder gar Hunderttausende von Kubikmetern wertvollen Mate-

zerkleinerte Rinde/Holz	Rindermist Hühnermist	Pferdemist Schafmist	Guano/Vogelmist
Hornmehl (-schrot) Knochenmehl	hochwertige Pflanzenmischung	Kräuter	Braunalgen Algenkalk
Urgesteinsmehl Tonmehl	Humusböden-mischung	Holzasche	Kaffeesatz

rials zurückgewonnen werden. Wie dies im Kleinen beginnen kann, haben wir in den Kapiteln über das Kompostieren geschildert.

Vorteile eines industriell hergestellten Bio-Kompostes:

äußerst vielseitig zusammengesetzt

breiter Wirkungsbereich

weitgehend unkrautfrei

keine Schneckeneier

ideales Kohlenstoff-Stickstoff-Verhältnis

günstige Nährstoffzusammensetzung (garantiert gute Qualität)

gleichbleibende Qualität (unter ständiger wissenschaftlicher Kontrolle)

Säen und Setzen — Lockern und Wässern

Das Säen

Wenn wir auf dem kleinen Stück Boden, den wir bearbeiten, den geeignetsten Platz gefunden haben, wählen wir den sonnigsten Standort aus (siehe auch «Vorbereitungen», S. 45). Je mehr Sonne unser Gemüse erhält, desto größer wird sein Gehalt sein. Der Gemüsegarten darf auf keinen Fall im Traufbereich der Bäume liegen, denn diese behindern das Wachstum, und die Wurzeln der Bäume erschweren unsere Arbeit.

Es wird grundsätzlich nur auf gut vorbereitetem, lockerem und leicht angetrocknetem Boden gesät und gepflanzt.

Ein Normalbeet von 120 cm Breite beleben wir meistens mit fünf einfachen Reihen. Eine Ausnahme machen wir dann, wenn unsere Kulturen nicht viel Raum beanspruchen, etwa bei Setzzwiebeln, Radieschen oder Spinat. Diese Gemüse säen wir in Doppelreihen mit kleinen Abständen.

Die Einteilung eines Gartenbeetes beginnen wir mit einer Reihe in der Beetmitte. Dann folgen jene an den Rändern, etwa zehn Zentimeter vom Beetrand entfernt, damit die Kulturen genügend Abstand haben. Danach folgen die Reihen zwei und vier in der Mitte. Zur Markierung ziehen wir feine Rillen, zum Beispiel mit dem Rechenstiel, mit dem Setzholz oder mit einer Holzlatte.

Bei der Aussaat merke man sich: je feiner der Samen, desto weniger tiefe Rillen. Die Rillen sollen etwa doppelt so tief sein wie die Größe des Samenkorns. Nachdem wir die Saattüte oben aufgeschnitten haben, wird der Inhalt direkt in die gezogenen Rillen gesät. Hobbygärtner neigen oft dazu, zu dicht zu säen. Buschbohnenkörner legt man von Hand einzeln im Abstand von etwa drei bis vier Zentimetern in die Saatrillen. Alle übrigen Samen kann man im Abstand von etwa einem bis zwei Zentimetern säen. Sollte man trotz dieser Hinweise zu dicht ge-

Im pflegeleichten Biogarten wird die wenige verbleibende Arbeit zum Genuß und wirkt erfrischend auf Leib und Seele.

sät haben, lichtet man nach dem Auflaufen der Saat ganz einfach aus, damit jedes Pflänzchen genügend Platz findet.

Die Saatrillen werden nun mit dem Rechen flach zugedeckt und anschließend mit dem gleichen Werkzeug angedrückt. Aussaaten müssen oft vor Vögeln und Katzen geschützt werden. Auch sollten sie genügend Wärme erhalten. Vom Frühjahr an bis Mitte Mai eignen sich dafür Schlitzfolien, Vlies oder Tunnels. Die Schlitzfolie (oder das Vlies) legt man locker über die Saaten und befestigt sie seitlich am Wegrand mit Steinen oder Holzlatten (bei Eternit-Gehwegen mit Wäscheklammern). Auf dem Balkon oder der Terrasse ziehen wir sie über die Kanten des entsprechenden Gefäßes und befestigen sie ebenfalls mit Wäscheklammern. Die Schlitzfolie oder das Vlies schützen die Saaten nicht nur vor Vögeln und Katzen; wenn wir die Saaten damit abdecken, gewinnen wir einen Wachstumsvorsprung von etwa zwei Wochen gegenüber unbedeckten Saaten.

Wer auf die erwähnten Schutzmaßnahmen verzichten will, sollte wenn möglich Netze über die Beete spannen. Diese müssen jedoch mindestens zehn bis zwanzig Zentimeter hoch mit Drahtbügeln über die Beetoberfläche gespannt sein, damit sie den Pflanzenwuchs nicht beeinträchtigen.

Nach der Aussaat gießen wir die Beete an. Diese müssen bis nach der Keimung feucht gehalten werden. Läßt man die Saatbeete austrocknen, sterben die jungen Keimlinge ab.

Die Stellen, die mit Schlitzfolie oder Vlies abgedeckt worden sind, begießen wir nun mit Wasser. Die vielen kleinen Schlitze oder Poren sind wasserdurchlässig. Die Schlitzfolien dehnen sich mit dem Wachstum der Pflanzen aus (wachsende Folie). Sie verhindern aber auch das zu schnelle Austrocknen und schützen die jungen Sämlinge vor Kälte und Frost. Die Bedeckung kann bis zum Frühsommer über der Saat liegen bleiben.

Mit diesen wenigen Hilfsmitteln für die Anzucht kann eine große Terrasse oder ein Balkon laufend mit Setzlingen versorgt werden. Hier wurden versuchsweise verschiedene Anzuchttöpfe geprüft (Hintergrund). *Das Schattiergitter* (rechts) *verunmöglicht Hauskatzen und Vögeln den Zugang zu den Aussaaten. Als Grundlage dient biologische Universalerde, zur Düngung rein organischer Flüssigdünger.*

Das Setzen

Beim Kauf der Setzlinge achten Sie auf starke, gedrungene Pflanzen; die hochgeschossenen, mageren Setzlinge sind nicht erfolgversprechend. Ein gut durchwurzelter Setzling wächst gerne an.

Wir setzen mit der Pflanzkelle — nicht zu hoch, aber auch nicht zu tief. Besonders tief in den Boden, das heißt bis knapp unter das erste Blatt setzen wir alle Kohlgewächse, auch Lauch und Tomaten; besonders hoch dagegen, also so, daß wirklich nur gerade die Wurzeln mit Erde zugedeckt sind, alle Salatarten, Sellerie und Kohlrabi.

Setzlinge müssen nach dem Pflanzen angegossen werden, damit sich die Wurzeln schneller mit der Erde verbinden und sogleich Feuchtigkeit aufnehmen. Vielfach wird das Angießen mit der Brause vorgenommen — bei uns niemals! Auf diese Weise werden die Pflänzchen überflutet und verschwemmt; trocknet daraufhin die Erde ab, bildet sich um die gepflanzten Setzlinge eine harte Kruste. Als Folge davon wachsen die Setzlinge nicht, bis wir die Kruste mit einem Lockerungsgerät (Doppelhacke) brechen.

Man sollte dem Angießen der Setzlinge besondere Aufmerksamkeit schenken. Nehmen Sie Ihre kleine Gießkanne aus dem Wohnzimmer, die Sie für Ihre Zimmerpflanzen brauchen, und gießen Sie jeden einzelnen Setzling vorsichtig, aber gründlich mit vorgewärmtem (temperiertem) Wasser an. Nach dem Angießen decken Sie den Boden mit einer Nährmulchschicht von etwa einem halben Zentimeter Dicke gleichmäßig ab.

Überall sind es Kleinigkeiten, von denen das gute Gelingen abhängt. Schenken wir ihnen deshalb vermehrte Beachtung! Junge, zarte Setzlinge sind ein Hochgenuß für Schnecken (mehr darüber auf den Seiten 92 ff.).

Das Lockern und Wässern

Schon unsere Vorfahren kannten den Grundsatz: Lieber zweimal lockern als einmal gießen. Danach wollen auch wir uns richten.

Bei schweren Böden ist nach jedem Regenschauer und nach jedem Gießen die oberste Schicht wieder verkrustet, besonders wenn die Mulchschicht zu dünn aufgetragen wird. Unseren jungen Pflänzchen wird dadurch die Atmung und die Zirkulation erschwert, denn der Sauerstoff kann kaum mehr in die Wurzelgegend eindringen. Wir leisten unseren Pflanzen einen großen Dienst, wenn wir fleißig den Boden auflockern. Sie werden es uns mit zügigem Wachstum lohnen. Die Mulchschicht schützt auch gut gegen die Verkrustung des Gartenbodens und vermindert die Lockerungsarbeiten und den Unkrautwuchs.

Ideal zur Lockerung sind Hand-Doppelhacken. Wir können damit besser um die noch kleinen Pflanzen herumhacken, ohne sie zu verletzen. Nach einer gründlichen Lockerung hat das Gießen überhaupt erst einen Sinn. Wenn wir die verkrustete Erde begießen, dringt das Wasser schlecht in den Boden und erreicht erst gar nicht die Wurzeln unserer Pflanzen, die es so dringend nötig hätten.

Denken wir also stets daran: Zuerst lockern, dann können wir sehen, ob in tieferen Schichten noch genügend Feuchtigkeit vorhanden ist und sich ein Gießen dadurch erübrigt. Falls dies nötig ist, erneuern wir die Mulchschicht und gießen erst gegen Abend, damit durch die Sonne nicht alles Wasser verdunstet. Und vermeiden wir das Gießen mit kaltem Leitungswasser, indem wir die gefüllte Gießkanne an der Sonne vorwärmen! Auf zarte Jungpflanzen wirken kalte Wassergüsse schockartig, und sie reagieren darauf vielfach mit Krankheiten oder Schädlingsbefall. Das Gießen ist sicher eine unerläßliche Gartenarbeit, soll aber keineswegs täglich vorgenommen werden. Wie bereits erwähnt: Lieber einmal gründlich wässern und dann längere Zeit nicht mehr. Wir zwingen die Pflanzen mit dieser Methode, ihre Wurzeln stärker in die Tiefe wachsen zu lassen, was zu ihrer Standfestigkeit und Widerstandsfähigkeit beiträgt.

Folgende Doppelseite: *Bodenverbesserungs- und Düngemittel in Tabellenform. Die Zusammensetzung und Anwendung der einzelnen Produkte setzt verhältnismäßig große Kenntnisse voraus. Ein vielseitiger Kompost, Mulch oder Dünger — sei er selbst hergestellt oder hinzugekauft — bildet die natürlichste und ausgeglichenste Ernährung für Pflanzen und Mikrofauna.*

Bodenverbesserungs- und Düngemittel

	Produkt	Stick-stoff % N	Phos-phor % P₂O₅	Kalium % K₂O	Verfüg-barkeit* der Nähr-stoffe	Spuren-ele-ment-gehalt
KOMPOST	**«Lutewa»-Nährkompost**	<1	<1	<1	1, 2, 3	+ + +
	Müllkompost	<1	<1	<1	1, 2	+ + +
	Perlite	—	—	2−3	—	+ +
	Rindenkompost (-humus)	<1	<1	<1	2, 3	+ + +
	Steinmehl	—	<1	1−2	3	+ + +
	Tonmehl	—	—	2−3	3	+ + +
	Torf	—	—	—	—	+
DÜNGER	Algenmehl/-kalk	—	—	—	3	+ + +
	Blutmehl	11−15	1	<1	1	+ + +
	Flugaschenkali	—	1	12	1	+ + +
	Guano	6−7	12	2	1, 2	+ + +
	Hornmehl	9−14	4−5	—	1, 2	+ +
	Hornspäne	17	8	—	2, 3	+ +
	Hühnermist, granuliert	3−4	3−4	2−4	1, 2	+ + +
	Knochenmehl	1−4	20−30	<1	3	+ + +
	«Lutewa»-Universaldünger	5	3	4	1, 2, 3	+ + +
	Rindermist granuliert	1−2	1−2	4	1, 2	+ + +
MULCH	Holz-, Stroh-, Schilfhäcksel	<1	—	<1	3	+ +
	«Lutewa»-Nährmulch	1	1	2	1, 2, 3	+ + +
	Rindenmulch, -dekor	<1	<1	<1	3	+ + +

< bedeutet kleiner als
Nährstoffe: ungefähre Werte; sofern <0,1 % werden sie
mit dem Zeichen — versehen.

*1 = sofort
2 = mittel
3 = langfristig

Mineral-halt	Förderung der Humusbildung	Bodenlockerung	Bodenkrümelbildung	Aktivierung des Bodenlebens	Risiko der Anwendung Begründung
	ja	+ + + +	+ + + +	+ + + +	keines
n	ja	+ + +	+ + +	+ + +	groß, wegen Gehalt an Schwermetallen und anderen umweltbelastenden Stoffen
n	nein	+ + +	—	—	keines
n	ja	+ + + +	+ + +	+ + +	gering, siehe auch Seite 98
n	nein	—	—	—	keines
	nein	—	+ +	—	bei Überdosierung Verdichtung/Verschlämmung
n	ja	+ + + +	+ + +	+	keines
n	nein	—	+	+	keines
n	ja	—	+	+	wirkt ätzend bei Überdosierung und zu häufiger Anwendung
n	nein	—	—	—	groß, wegen Verbrennungsgefahr
n	ja	—	+	+ +	bei Überdosis Verbrennungsgefahr
n	ja	—	+	+ +	gering
n	ja	—	+	+ +	gering
n	ja	—	+ +	+ +	bei Überdosis Verbrennungsgefahr
n	ja	—	+	+	keines
	ja	—	+ +	+ +	gering
in	ja	—	+ +	+ +	gering
in	ja	+ + +	+ +	+ +	gering, aber nur oberflächlich ausbringen
in	ja	+ + + +	+ + +	+ + + +	keines
in	ja	+ + +	+ +	+	groß, wegen wachstumshemmender Stoffe und Stickstofferstlegung

+ + + + = sehr gut   + + = mittelmäßig   — = kein Einfluß
+ + + = gut   + = schwach

Warum Mischkulturen?

In der freien Natur gibt es in der Regel keine Monokulturen. Es bilden sich im Gegenteil recht mannigfaltige Pflanzengemeinschaften, die sich auf verschiedene Weise im Wachstum unterstützen. Im naturgemäßen Gartenbau versuchen wir, mit der Methode der Mischkulturen auch im Garten so natürlich wie möglich Gemüse zu ziehen.

Bei der Mischkultur werden Gemüsearten mit unterschiedlicher Reifezeit auf dem gleichen Beet angebaut, wodurch sich ein ständiges Ineinanderschieben von Vor-, Zwischen- und Nachkulturen ergibt. Zudem haben wir so auf demselben Beet Stark- und Schwachzehrer (siehe Seite 39) sowie Tief- und Flachwurzler. Dadurch erreichen wir, daß der Boden natürlicher beschattet und so besser geschützt ist. Das so entstehende Mikroklima an der Bodenoberfläche erhält und fördert das überaus wichtige Bodenleben. Zudem unterstützen sich recht viele Gemüsearten gegenseitig im Wachstum und schützen einander auch vor Krankheiten und Schädlingen. Sicher ist, daß der Ertrag der einzelnen Beete durch Mischkulturen ganz erheblich gesteigert werden kann.

In der Beetmitte eines Normalbeetes von etwa 120 cm Breite pflanzen wir die Hauptkulturen; diese stehen dort sehr lange und verursachen keinen allzu großen Aufwand bei Pflege und Ernte (Lauch, Sellerie, Tomaten, Kohl usw.). Auf die Außenzeilen pflanzen wir dann die arbeitsintensiveren Hauptkulturen wie Buschbohnen, Möhren, Erbsen usw. Die Zwischenzeilen verwenden wir für die restlichen Gemüsearten mit kürzeren Kulturzeiten, die in der Regel gut dazwischengeschoben werden können und zudem auch noch im Halbschatten gedeihen und ausreifen (Kohlrabi, Rettich, Salat, Kresse, Radieschen usw.).

Mischkulturen fördern gegenseitig das Wachstum, wirken vorbeugend gegen Schädlinge und Krankheiten und beeinflussen das Aroma positiv. Zwiebeln oder Knoblauch, abwechselnd mit Karotten in Reihen angepflanzt, schützen diese weitgehend vor der Möhrenfliege.

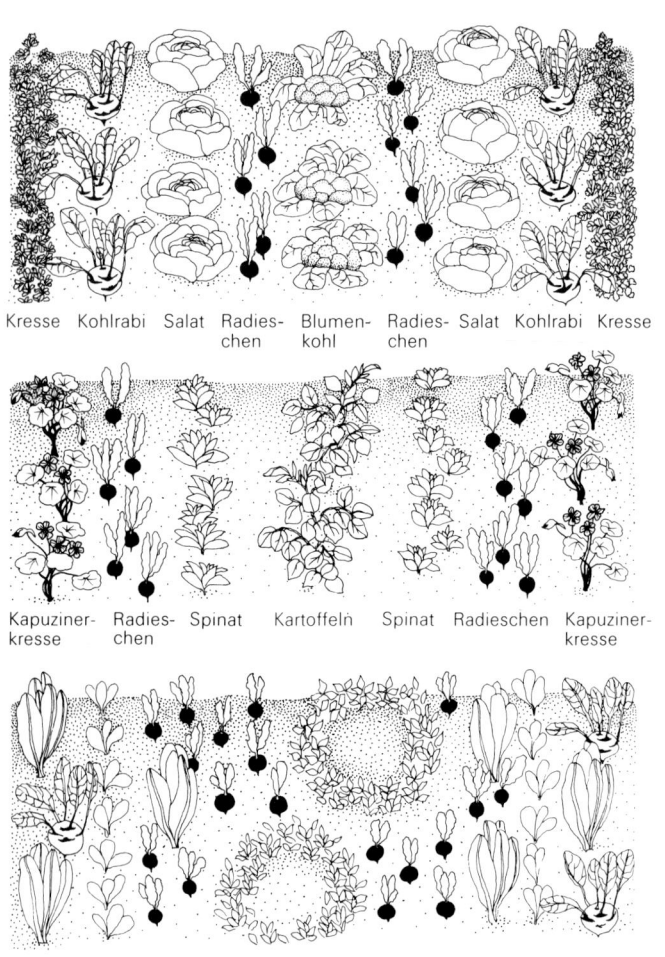

Kresse   Kohlrabi   Salat   Radies-   Blumen-   Radies-   Salat   Kohlrabi   Kresse
                            chen   kohl   chen

Kapuziner-   Radies-   Spinat   Kartoffeln   Spinat   Radieschen   Kapuziner-
kresse   chen   kresse

Kohlrabi   Pflück-   Lattich und   Erbsen   Radieschen   Lattich   Pflück-   Kohlrabi
Lattich   salat   Radieschen   salat   Lattich

Mischkulturentabelle

Kombinationsmöglichkeiten für Mischkulturen	Zwiebeln/Knoblauch	Tomaten	Spinat/Mangold	Sellerie	Radiesli/Rettiche	Rote Rüben	Porree	Salate	Kohlrabi	Kohlarten	Kartoffeln	Möhren	Erbsen	Bohnen
Bohnen	ungünstig	günstig	günstig	günstig	günstig	günstig	ungünstig	günstig	günstig	günstig	günstig	günstig	ungünstig	
Erbsen	günstig	ungünstig	günstig	günstig	günstig	günstig	ungünstig	günstig	günstig	günstig	günstig	günstig		ungünstig
Möhren (Rübchen)	günstig	günstig	günstig	günstig			günstig	günstig					günstig	günstig
Kartoffeln			ungünstig		günstig	ungünstig				günstig			günstig	ungünstig
Kohlarten	ungünstig	günstig	günstig	günstig	günstig	günstig	günstig	günstig			ungünstig		günstig	günstig
Kohlrabi		günstig	günstig	günstig	günstig	günstig	günstig	günstig					günstig	günstig
Salate	günstig	günstig	günstig		günstig	günstig	günstig		günstig	günstig	günstig	günstig	günstig	günstig
Porree (Lauch)	günstig	günstig						günstig	ungünstig	günstig		günstig	ungünstig	ungünstig
Rote Rüben (Rote Beete)	günstig							günstig	günstig	ungünstig		günstig	günstig	günstig
Radieschen/Rettiche	günstig	günstig	günstig					günstig	günstig	günstig	günstig	günstig	günstig	günstig
Sellerie	günstig	günstig						günstig	günstig	günstig	ungünstig		günstig	günstig
Spinat/Mangold		günstig			günstig	günstig		günstig	günstig	günstig	günstig	günstig	günstig	günstig
Tomaten	günstig		günstig	günstig	günstig		günstig	günstig	günstig	günstig	ungünstig	ungünstig	günstig	günstig
Zwiebeln/Knoblauch		günstig		günstig	günstig	günstig	günstig	günstig		ungünstig		günstig	ungünstig	ungünstig

Legende: günstig · ungünstig · leer: neutral

Für das Anlegen von Mischkulturen braucht es etwas Erfahrung und auch entschieden mehr Denkarbeit. Zu beachten sind vor allem die Fruchtfolge, die Kulturdauer mit Aussaat, Pflanz- und Erntetermin, der Platz- und der Nährstoffbedarf sowie Kenntnisse hinsichtlich guter Nachbarschaften.

Zusammengefaßt lassen sich die Vorteile der Mischkulturen so darstellen:

bessere Ausnützung der Bodenfläche, höhere Erträge

Pflanzen mit unterschiedlichen Nährstoffansprüchen und Wurzelausscheidungen ergänzen sich

weniger Unkraut und weniger Gießarbeit

erhebliche Schutzwirkung vor Krankheiten und Schadinsekten

Wachstumsförderung und Bereicherung des Aromas

Das Gedeihen der Pflanzen hängt natürlich nicht nur von der entsprechenden Nachbarschaft ab, sondern auch vom Standort, vom Abstand, von der Bodenart, der Pflege, der Witterung, der Jahreszeit, vom Klima und vom Nährstoffangebot. In der angeführten, vereinfachten Tabelle sind nur die bekannteren Gemüsearten zu finden. Falls Sie ein reicheres Gemüsesortiment in Ihrem Mischkulturengarten anlegen wollen, sollten Sie unbedingt die entsprechende Fachliteratur studieren.

Wichtiger Hinweis
Wenn die beschriebenen Vorbeuge-, Pflege- und Bekämpfungsmaßnahmen Ihnen zu kompliziert erscheinen und Sie auf Mischkulturen verzichten wollen, so beginnen Sie am einfachsten mit dem Biosystem «Lutewa». Dank der vielseitigen Zusammensetzung der Produkte und dem breiten Wirkungsbereich werden die Pflanzen auch ohne die Anwendung von Mischkulturen in jeder Hinsicht beachtliche Resultate erbringen.

Ernte und Lagerung

Als Anfänger sind Sie wahrscheinlich nicht immer sicher, wann der richtige Zeitpunkt für die Ernte der angepflanzten Gemüse gekommen ist. Aus der Tabelle S. 84 ff. erfahren Sie, wie lange die durchschnittliche Kultur der einzelnen Gemüsearten dauert. Die Witterung kann allerdings wesentliche Abweichungen von diesen Erfahrungswerten bewirken. Ein kalter, regnerischer Mai verursacht beispielsweise eine Wachstumsverzögerung von zwei bis drei Wochen, während ein heißer Sommer die Reifezeiten bis zu zwei Wochen beschleunigt.

Im kleinen Garten ernten Sie immer frisch; darin liegt ja der größte Vorteil eines eigenen Gartens. Als Regel nehme man: Lieber etwas zu junges Gemüse genießen, als abzuwarten, bis es aufschießt, austrocknet oder gar holzig wird. Wenn Gemüse tagelang herumliegt, verliert es sehr viel an seinem Gehalt. Salate und Kräuter sollten daher kurz vor dem Gebrauch geerntet werden. Wenn Sie nicht allen Schnittlauch, alle Petersilie oder Pfefferminze frisch verwenden, können Sie diese Kräuter trocknen oder einfrieren. Überschüssige Beeren aus dem Garten oder aus dem Wald können zu Marmelade (Konfitüre) verarbeitet oder eingefroren werden. Die Konservierung ist jedoch immer nur als die zweitbeste Möglichkeit zu betrachten — nach der unmittelbaren Verwendung.

Die gepflanzten Wintergemüse, etwa Sellerie, Lauch, rote Beten (Randen), Zuckerhut usw., ernten wir erst vor dem großen Frost, Anfang November. Sellerie und rote Beten kommen in den Keller. Wo ein solcher fehlt, bewahren wir diese Gemüse in trockeneren Räumen auf, in eigens dafür entwickelten Frischhaltebeuteln aus Plastik. Für größere Mengen gibt es auch Klimatruhen und -schränke für Garten und Balkon im Handel. Den Lauch kann man im Garten lassen, oder er wird in Hausnähe (etwa an der Hauswand) tief eingeschlagen. Der Zuckerhut wird ebenfalls möglichst im Garten belassen. Wird viel Schnee erwartet, kann der Zuckerhut abgeschnitten, in Zeitungspapier eingewickelt und in einer Kiste auf dem Balkon gelagert werden.

Frischhaltetruhe im Einsatz — eine moderne Art des Einschlagens, besonders geeignet für Knollen- und Wurzelgemüse sowie für Äpfel und Birnen.

Der Feldsalat ist winterhart und wird daher nach dem Zuckerhut geerntet. In weiteren Gartenjahren kommen nach Möglichkeit noch weitere winterharte Gemüse zu den alten hinzu, etwa Winterlauch, Grünkohl, Winterspinat usw. Auch hier sind die gartenfrischen Wintergemüse viel gehaltvoller als das Lagergemüse.

Einwintern des Gemüsegartens

Bereits auf den Seiten 40 ff. haben Sie die richtige, bodenschonende Bodenbearbeitung kennengelernt. Im Naturgarten wie im naturbelassenen Boden, zum Beispiel im Wald oder auf der Naturwiese, wird nicht umgegraben. Im Spätherbst, wenn fast alles Gemüse (ausgenommen winterharte Gemüse) abgeerntet ist, werden die Gartenbeete von Unkraut befreit und wie im

Frühjahr vom Gartenweg aus gelockert. Der lebendige Boden braucht jetzt noch Nahrung und einen Kälteschutz über den langen Winter hinweg.

Naturnah gärtnern ist nicht nur eine gesunde Freizeitbeschäftigung, es ist auch ein praktischer Beitrag zum Umweltschutz. Wir verwerten alle anfallenden Herbstabfälle; diese werden ebenfalls möglichst stark zerkleinert (wie bei der Kompostierung) und als Winterschutz für die Gartenbeete verwendet. Wer Mist zur Verfügung hat, kann diesen über die Abfälle streuen und mit etwas Holzasche oder Gesteinsmehl überpudern. Als Ergänzung oder Ersatz kann man aber auch («Lutewa»)-Nährmulch verwenden. Gut geschützt werden sich unsere Helfer im Boden wohl fühlen und zeitig im Frühjahr, aber auch an warmen Wintertagen oder unter einer dicken Schneedecke mit dem Abbau der Mulchdecke beschäftigt sein. Im April ist dann von der dicken Decke kaum noch etwas auf den Beeten zu sehen — das meiste Material ist zu Erde geworden.

Verwertung der Abfälle an Ort und Stelle

Statt alle auf Seite 53 beschriebenen Abfälle einfach aufzuschichten und den Abbauprozeß über Monate hinweg abzuwarten, können Sie die bereits verholzten Herbstabfälle auch auf den Gartenbeeten vererden lassen. Sie dürfen die Beete aber nicht mit einer zu starken Schicht zudecken. Der Boden muß darunter noch atmen können. Die Schichtdecke hängt also weitgehend vom Material ab.

Wenn Sie im nächsten Frühjahr mit dem Gärtnern beginnen, rechen Sie die nicht verrotteten Abfälle ab, legen diese auf den Sammelhaufen und beginnen erneut mit dem Lockern. Diese Naturgartenmethode ist weniger arbeitsintensiv als die herkömmliche Umgrabemethode. Zudem ist unser Boden geschützt und mit Nahrung versorgt, und unsere Abfälle finden eine sinnvolle Verwendung. Durch diese Methode wird der Humusgehalt stetig erhöht. Beim Umgraben ist leider häufig das Gegenteil der Fall: Durch die starke Frosteinwirkung (auch «Frostgare» genannt) sterben viele unserer nützlichen Helfer im Boden ab oder erholen sich von Jahr zu Jahr schlechter.

Kulturtabelle der Liebhabergemüse

Gemüseart	Setzlings- anzucht	Saat oder Pflanzung aufs Beet	Pflanz- distanz*	Kultur- dauer in Wochen bis Ernte
Artischocke	März — April	ab zweite Hälfte Mai an sonni- gem, warmem Standort	1 Pflanze je m²	18 — 24
Auberginen	März — April	ab zweite Hälfte Mai	2/50 bis 3/50	12 — 20
Bohnen Buschbohnen	Ende April bis 20. Juli	Ende April bis 20. Juli	2/alle 5 — 8 cm ein Korn legen	10
Puffbohnen		März bis April	1/je Lauf- meter 7 — 10 Samen	12 — 20
Stangenbohnen	Mitte Mai bis Mitte Juni	Mitte Mai bis Mitte Juni	2/80 — 100	12 — 20
Cornichon	April	ab Mitte Mai	1/100	8 — 12
Endivien	Ende Mai — Anfang Juli	Juni bis Juli	4/30	8 — 10
Erbsen, Kefen		März bis April	2 — 3/Samen- abstand 5 cm	10 — 12
Fenchel		April und zweite Hälfte Juni bis Juli	4/30	8 — 14
Gurken	April — Mai	ab zweite Hälfte Mai	1/100 oder 50 × 150	8 — 10
Karotten kurze und halblange		Februar bis April	4 — 5/4 — 8	10
lange Sorten		Juni bis Mitte Juli	4/4 — 8	10

Gemüseart	Setzlings-anzucht	Saat oder Pflanzung aufs Beet	Pflanz-distanz*	Kultur-dauer in Wochen bis Ernte
Knoblauch		März bis April	6/10—15	16—20
Kohlgewächse				
Blumenkohl	März—Juni	April bis Juli	2/50	8—12
Broccoli oder Spargelkohl	April—Juni	April bis Juli	2/40	8—12
Chinakohl		Juli	3/40	12
Federkohl	Mai—Juni	Juni bis Juli	2/60—70	12—15
Kohlrabi	März—Juni	März bis Juli	2—5/25—30	6—12
Rosenkohl	April—Mai	Mai bis Juni	2—3/60—70	16—20
Weißkabis, Rotkabis, Wirz: frühe Sorten	März—April	April	2—3/50—60	10—12
	März—April	April	2—3/50—60	10—12
Herbstsorten	April—Mai	Mai	2—3/50—60	10—14
Lagersorten	Mai	Juni	2—3/50—60	16—20
Kresse		März bis Mai und ab Sept.	dicht, 30 g Samen je m²	1—2
Küchenkräuter, einjährige Arten wie Basilikum, Bohnenkraut, Thymian	März—Juni	März bis Juni, Gartenbeet, bei der Feuerstelle oder in Kistchen	10—20 cm von Stock zu Stock	4—8
Lattich	März—Juli	April bis August	4/25—30	8—10
Lauch	März—April	Mai bis Juli	4/10—20	18—20
Mairüben		März bis April	6/10	8—10
Melonen	April—Mai	ab zweite Hälfte Mai	1 Pflanze je m²	8—15

* Pflanzdistanz: 1. Zahl = Reihen je Normalbeet von 120 cm;
      2. Zahl = Abstand von Pflanze zu Pflanze in Zentimetern.

Gemüseart	Setzlings-anzucht	Saat oder Pflanzung aufs Beet	Pflanz-distanz*	Kultur-dauer in Wochen bis Ernte
Nüßlisalat (Feldsalat)		August bis Mitte September	5/1 g Samen je m²	9—12
Paprika, Pepe-roni, Pfeffer	März — April	ab zweite Hälfte Mai	3/40	8—14
Randen (Beten)		Juni	4/5—10	16—18
Rettiche Radieschen	Frühkultur in Saatschale	Februar bis Juni und September	6/1 g Samen je m²	4—8
Mairettich	evtl. Saat in Kistchen und Sämlinge auf das Beet pikieren	April bis Mai	6/6—8	8—10
Sommersorten	auf das Beet pikieren	Juni bis August	5/10—15	10—12
Winterrettich		Juni bis August	5/10—15	10—12
Salat frühe Sorten	März — April	März bis April	4/25—30	6—8
Sommersorten	April — Juli	April bis August	4/30	6—8
Pflück- und Schnittsalat		März bis August	6/dicht	5—8
Wintersalat	Mitte August bis Mitte September	September bis Oktober	4/30	24—32
Schwarz-wurzeln		März bis April	4/8—10	26—30
Sellerie Bleichsellerie	März — April	Mai bis Juni	3/40	16—18
Knollensellerie	März — April	Mitte Mai bis Juni	3/40	18

Gemüseart	Setzlings-anzucht	Saat oder Pflanzung aufs Beet	Pflanz-distanz*	Kultur-dauer in Wochen bis Ernte
Spinat		März bis Mai August bis September	6/10 g Samen je Laufmeter	6—8
Neuseeländer Spinat	April	Mai	2/50	8—10
Stielmangold	März—April	April bis Mai	3/50	8—10
Schnittmangold		März bis August	6/dicht	6—10
Tomaten	April	ab Mitte Mai	70 × 100 im Kistchen 30—50 cm	10—12
Winterportulac		Juli bis August	dicht	Winter
Zichorien Roter und Gelber Verona, Grumolo		März bis April und Juli bis August	6/10 6/10	5—10 Frühjahr
Catalogna		März bis April und Juni bis Juli	5/30	6—10
Chicorée		Mitte Mai	4/35	Winter
Zuckerhut		Juni bis Juli	4/20—30	Winter-salat und -gemüse
Zuckermais	April	Mai	2/20	10—14
Zwiebeln Perlzwiebeln		Mitte Mai	6/2 g Samen je m²	16—20
Silber- oder Winterzwiebeln	August	September	6/7—10	18—20
Steckzwiebeln		März bis April	4/5—8	16—18

* Pflanzdistanz: 1. Zahl = Reihen je Normalbeet von 120 cm;
                2. Zahl = Abstand von Pflanze zu Pflanze in Zentimetern.

Wie wir unsere Pflanzen schützen

Allgemeines

Mit einem gesunden, bioaktiven Boden und bei standortgerechter Bepflanzung reduziert sich der Bedarf an Pflanzenschutzmitteln auf ein Minimum.

Unter Pflanzenschutz verstehen wir ganz allgemein alle Maßnahmen, die die Gesundheit und Widerstandsfähigkeit unserer Kulturpflanzen fördern und gleichzeitig die Entwicklung von Schädlingen und Krankheiten hemmen. Auch hier gilt der Grundsatz, daß erst beim vermehrten, einseitigen Auftreten gewisser unerwünschter Insekten von «Schädlingen» gesprochen werden darf. In einem solchen Fall stellt sich dann auch sofort die Frage nach der richtigen Auswahl und Durchführung von Kulturmaßnahmen.

Wir kultivieren in erster Linie Pflanzenarten, die in unserem Klima und Boden gut gedeihen (standortgemäße Produktion). Andere Pflanzen werden vermehrt von Schädlingen befallen. Ein kleinerer Schädlingsbefall ist für uns nicht so rasch ein Alarmzeichen, nun mit «grobem Geschütz» einzugreifen. Die wichtigsten Helfer im natürlichen Pflanzenschutz sind die natürlichen Feinde unserer Schädlinge. Bei der Bekämpfung der Schadinsekten besteht die Gefahr, daß deren Feinde (Nützlinge) ebenfalls umkommen oder stark in Mitleidenschaft gezogen werden, zum Beispiel durch die Vernichtung ihrer Nahrungsgrundlage oder durch Vergiftung. Direkte Abwehrmaßnahmen führen wir nur dann durch, wenn der Kulturpflanzenbestand ernsthaft gefährdet ist.

Eine wichtige Aufgabe besteht also darin, daß wir nicht auf eine unmittelbare Bekämpfung der Schädlinge abzielen, sondern die Nützlinge durch Pflege und Aufbau ihres Lebensraumes fördern. So sollten wir unseren Sing- und Greifvögeln, den Bienen, dem Igel, der Kröte und andern durch die Erhaltung und vernünftige Gestaltung der Landschaft und des Gartens mit Bäumen, Sträuchern und Kräutern Sorge tragen. Das ge-

Mein Biogarten zur Zeit seiner schönsten Entfaltung

schieht durch das Anpflanzen von einheimischen Heckensträuchern, die mit ihren Blüten Insekten ernähren, mit ihren Früchten und Nüssen verschiedene Vogelarten bei der Nahrungssuche unterstützen und Nist- und Unterschlupfmöglichkeiten anbieten. Am Heckenrand können wir durch das Wachsenlassen des Unterwuchses verschiedenen Wiesenpflanzen und Gräsern Platz lassen und auf diese Weise die Vielfalt der Pflanzen fördern. Wem dies noch nicht genügt, kann ein Biotop anlegen, um dort einer Vielzahl von Tieren und Pflanzen, die im oder am Wasser leben, einen Lebensraum und eine Entfaltungsmöglichkeit zu geben.

Folgende Ursachen können zum Auftreten von Schädlingen führen: schlechter Boden, falsche Standortwahl, Verwendung von schwachem oder überzüchtetem Saatgut, falsches Nebeneinander in der Mischkultur, Anbau in Monokulturen, unsachgemäße Bodenbearbeitung, unmäßige und einseitige Düngung, extreme Witterungsbedingungen.

Die häufigsten Schädlinge und ihre Bekämpfung

Wühlmäuse Wühlmäuse bekämpft man am besten und am sichersten, indem man Fallen in ihre Gänge stellt. Eine andere, allerdings umstrittene Maßnahme besteht darin, Pflanzen in die Gänge zu legen, die die Mäuse durch ihren Geruch oder durch ihre unangenehmen Säfte vertreiben, zum Beispiel Thuja- oder Nußblätter, Knoblauchzehen, Samen der Wolfsmilch oder Fischabfälle. Wühlmäuse sind auch lärmempfindlich; gräbt man offene Flaschen schräg bis in den Hauptgang ein, erzeugt der Wind einen sirrenden Ton, der die Tiere vertreibt. In windgeschützten Lagen erweist sich diese Methode jedoch als erfolglos.

Engerlinge und Drahtwürmer Durch Lockerhalten des Bodens beziehungsweise durch eine gute Mulchschicht können wir Engerlinge und Drahtwürmer fernhalten. Treten sie dennoch auf, so hat sich folgende Ködermethode am besten bewährt: Gegen *Engerlinge* werden zwischen die Kulturen Lockpflanzen gesetzt (Kopfsalat, Lattich usw.); am frühen Morgen wird jede welke Pflanze, also diejenige, in welche sich ein Engerling eingefressen hat, mit großem Erdballen ausgegraben und der Engerling vernichtet. Gegen *Drahtwürmer* werden Scheiben von rohen Kartoffeln oder Tomaten mit der Schnittfläche nach unten in die Erde gedrückt. Die Drahtwürmer bohren sich in diesen Köder, der regelmäßig kontrolliert werden muß; Drahtwürmer tötet man durch Übergießen mit kochendem Wasser.

Erdraupen Die Larven der Eulenfalter treten vor allem Ende August bis September auf. Es sind schmutziggraue, bis sechs Zentimeter lange Raupen, die sich spiralförmig einrollen, wenn sie gestört werden. Die Erdraupen sind nachtaktiv und können nachts am besten abgelesen werden. Bei Befall des Wurzelhalses der Setzlinge gieße man Rainfarn- oder Wermuttee an.

Lauchmotten Die Lauchmotte legt ihre Eier vor allem im Juli/ August auf dem Lauch ab. Die Made frißt sich dann von oben in den Stengel hinein.

Gegenmaßnahmen:

im Juli/August ein feinmaschiges Netz überspannen als vorbeugende Maßnahme

Blätter abschneiden und entfernen

Tee aus Rhabarberblättern und Rainfarn über den Lauch gießen

bei starkem Befall ein Bakterienpräparat *(Bacillus thuringiensis)* einsetzen

Blattläuse Die Blattläuse schädigen die Pflanzen, indem sie die Blätter ansaugen und ihnen Nährstoffe entziehen. Dabei sind vor allem schwächliche Gewächse gefährdet.

Gegenmaßnahmen:

die taufeuchten oder vorher befeuchteten Pflanzenteile mit Gesteinsmehl, Algenkalk oder Holzasche bestäuben

Brennesselwasser, Rainfarn- oder Wermuttee spritzen

Schmierseifenwasser (halb- bis zweiprozentig) spritzen

Behausungen für Ohrwürmer: Sie dienen als Schutz und zur Vermehrung der Ohrwürmer. Ihre «Speisekarte» setzt sich vor allem aus verschiedenen Arten von saugenden Insekten (Blattläuse, Spinnmilben usw.) zusammen.
Links: *In diesem Schlafsack, den man im Frühjahr mit der Öffnung nach unten aufhängt, findet der Ohrwurm ein sicheres Versteck.*
Rechts: *Im kühlen Inneren des Schlafsackes leben die Ohrwürmer in Schlafgemeinschaft bis zu fünfzig Stück zusammen.*

Schmierseifen-Quassia-Brühe spritzen

bei starkem Befall Pyrethrum-Rotenon-Mittel einsetzen

den Ohrwurm als natürlichen Feind der Blattläuse einsetzen (Ohrwurmbehausungen im Handel erhältlich)

Schnecken Leider gibt es auch Schädlinge, die uns die Freude am Gärtnern gründlich verderben können. Unser gefürchtetster Gartenfeind ist die Schnecke. Es gibt ganz verschiedene Schneckengattungen, aber alle haben es auf unser junges, zartes Gemüse abgesehen. Schneckenschäden erkennen wir an den Schleimspuren auf dem Gemüse.

Die kleinen *Nacktschnecken* vermehren sich vor allem bei feuchter Witterung sehr schnell. Schnecken sind wechselseitig befruchtende Zwitter; jede Schnecke kann zwei- bis vierhundert Eier von weißer Farbe ablegen. Ihre Lebensdauer beträgt ungefähr neun bis zwölf Monate. Durch ihre enorme Vermehrung und das Fehlen von natürlichen Feinden werden sie uns leicht zur Plage.

Die *Wegschnecke* ist die größte Schnecke ohne Haus. Sie wird bis 15 Zentimeter groß und kann von ockergelber, braunroter bis schwarzer Farbe sein. Das Ablegen ihrer Eier kann sich über den Spätherbst bis zum Frühling hinziehen. Wegschnecken sind überaus gefräßig, können aber wegen ihrer Größe leichter bekämpft werden als die kleinen, farblich oft gut getarnten Nacktschnecken.

Zur Abwehr von Schnecken müssen verschiedene Lock- und Abwehrmittel sowie Barrieren *kombiniert* eingesetzt werden. Die gebräuchlichsten Mittel sind:

angerottete Bretter auslegen und die Schnecken darunter immer wieder ablesen

Köder auslegen: Salatblätter, Weißkohl, Gurkenstücke, Schalen von Pampelmusen (Grapefruits), Rhabarberblätter usw. oder auch Weizenkleiehäufchen; die Schnecken dort konzentriert ablesen

aus den gesammelten Schnecken eine Schneckenbrühe herstellen, das heißt, die Schnecken mit heißem Wasser übergießen, einsammeln und im Wasser stehen lassen; die Schneckenbrühe kann gezielt zur Abwehr bei frisch gepflanzten Setzlingen angewendet werden

Fallen aufstellen: Joghurtbecher, Schneckenfallen mit Schutzdach ebenerdig eingraben und mit etwas Bier füllen; die Schnecken werden dadurch angelockt und ertrinken (ein sanfter Tod). Die Fallen müssen regelmäßig kontrolliert und vor Sonne und Regen geschützt werden.

Mit Bier gefüllte Schneckenfallen ziehen ihre Opfer in größerem Umkreis an.

Als Barriere gegen die Einwanderung der Schnecken aus dem Wiesland bewähren sich Eternit-Gehwege sowie Zäune aus abgewinkeltem Faserzement (Eternit) oder aus Blech. Zur vorbeugenden Bekämpfung sind die Feinde der Schnecken zu schonen oder anzusiedeln, beispielsweise Kröten, Igel, Blindschleichen, Laufkäfer. Man achte darauf, daß keine Schneckeneier in den Kompost geraten.

Wird der Boden ständig mit Nährmulch behandelt, kann die Vermehrung der Schnecken ebenfalls stark eingedämmt werden. Tannennadeln haben eine ähnliche Wirkung.

Kräuterbrühen und Jauchen

Beim vorbeugenden Pflanzenschutz wollen wir in erster Linie die Kulturpflanzen stärken und gegen den Schädlings- und Krankheitsbefall vorbeugen. Gegen Pilzkrankheiten wirken Aufgüsse (Tee) von Ackerschachtelhalm, Eichenrinden, Brennesseln und Zwiebelschalen. Wunder wirken auch Magermilchspritzungen (einen Viertel Magermilch auf zwei Liter Wasser). Im Fachhandel sind auch fertige ungiftige Präparate erhältlich. In den nachstehenden Tabellen geben wir eine Übersicht über die gebräuchlichsten Kräuterbrühen. Allgemein gilt: Bei Regenwetter oder starkem Sonnenschein spritzen. Eine Ausnahme machen wir beim Schachtelhalm: Er wird bei Sonnenschein am frühen Vormittag oder am späten Nachmittag gespritzt.

Anfertigung von Kräutertee: Man übergießt die zerkleinerten frischen oder getrockneten Pflanzen mit heißem Wasser und läßt sie ziehen. Vor der Anwendung muß der Tee abgekühlt werden.

Anfertigung von Kräuterbrühe: Frische oder getrocknete Pflanzen läßt man etwa einen Tag in Wasser aufquellen. Anschließend kocht man sie auf kleinem Feuer etwa zwanzig Minuten und läßt sie im zugedeckten Topf abkühlen.

Anfertigung eines Kräuterauszugs: Frische oder getrocknete Kräuter legt man bis höchstens drei Tage in Wasser ein, läßt sie jedoch nicht vergären. Die Pflanzenteile werden abgesiebt.

«Unkräuter»

Der Begriff «Unkraut» ist eine rein menschliche Erfindung, die nicht ohne kritische Betrachtung gelassen werden kann. Viele der sogenannten «Unkräuter» sind nämlich wertvolle Heilpflanzen; andere wiederum bilden einen wesentlichen Bestandteil einer vielfältigen Pflanzengesellschaft, die es uns erlaubt, das künstlich geschaffene Ökosystem möglichst naturnah nachzugestalten. Vom Pollen dieser Unkräuter ernähren sich viele für uns nützliche Insekten. Ein Kraut wird ja eigentlich erst dann zum Unkraut, wenn es in großen Mengen auftritt und unsere Kulturen ernstlich gefährdet. In einem solchen Fall müssen wir unsere Maßnahmen der Bodenbearbeitung und Düngung erst einmal kritisch überprüfen. In der Regel ist ein vermehrtes und einseitiges Auftreten bestimmter Pflanzen das Zeichen für ein Ungleichgewicht und sollte unsere besondere Beachtung hervorrufen.

Jauchen, Tee, Brühen und Auszüge aus Kräutern

Kräuter	Konzentration	Anwendung Zeit	Ort	Zweck
Brennessel oder **Beinwell** (Comfrey) Jauche	1 kg frische oder 200 g getrocknete Pflanzen in 10 Liter Wasser 20fach verdünnen 10fach verdünnen	 ganzjährig ganzjährig	 Pflanze Boden	Wachstumsförderung Kräftigung der Pflanzen
Kräuterauszug (höchstens 2 Tage liegenlassen)	1 kg frische oder 100 bis 150 g getrocknete Brennessel, auf 10 Liter Wasser, unverdünnt	ganzjährig	Pflanze	bei Läusebefall oder auch als Beigabe zum Kompost (grüne Pflanzen sind wirksamer)
Acker-schachtelhalm Brühe	1 kg frischer Schachtelhalm (oder 150 g getrockneter) in 10 Liter Wasser, 5fach verdünnen. Auch in Kombination mit Brennessel möglich	ganzjährig, beginnendes Frühjahr, Vorknospenspritzung. *Sommer:* morgens, bei Sonnenschein	Pflanze, Boden	Stärkung der Pflanze bei Pilzkrankheiten wie Schorf, Rost, Falschem und Echtem Mehltau, auch bei Kräuselkrankheit, Roter Spinne, Milben usw.
Rainfarn (Tanacetum vulgare) Tee oder Brühe	30 g getrocknetes oder 300 g frisches Material auf 10 Liter Wasser, unverdünnt	Frühling bis Herbst (nach Bedarf)	Pflanze	zur Schädlingsabwehr, z. B. gegen Lauchmotte, Läuse, Erdbeerblütenstecher, Himbeerkäfer, Brombeermilbe, Blattwespen sowie auch bei Rost und Mehltau

Farnkraut (Dryopteris Filix mas) ⁻ee und Brühe	1 kg frisches oder 100 g trockenes Material in 10 Liter Wasser als Tee oder Brühe zubereiten 10fach verdünnt	Winterspritzung	Pflanze	bei Befall mit Schild-, Schmier- und Blutläusen, evtl. bei Schnecken, bei Kalimangel, besonders als Kompostbeigabe
		beginnendes Frühjahr und später	Pflanze	
		ganzjährig	Boden und Pflanze	
Löwenzahn Jauche oder ⁻ee	1,5 bis 2 kg frische Pflanzen als Jauche oder Tee in 10 Liter Wasser, unverdünnt	Frühjahr und Herbst	Boden und Pflanze	Wachstumsanregung, Qualitätsverbesserung (auch als Kompostbeigabe)
Kamille ⁻ee	geringe Mengen, wie bei Kamillentee für den Menschen	Sommer	Pflanze	Kräftigung der Kulturen, Samenbeize (auch als Beigabe zu Kompost)
Wermut Brühe bzw. Tee	300 g frisches Material auf 10 Liter Wasser verdünnt	Frühjahr	Pflanze	Blattläuse, Säulchenrost
	2fach verdünnt	Herbst (nach Schnitt)	Pflanze	Brombeermilbe
	3fach verdünnt	Juni—Juli	Pflanze	Blattläuse
Quassia-Holz Brühe mit Zusatz von Schmierseife	150 g Quassia-Bitterholz in 2 Liter Wasser, + 250 g Schmierseife, auf 10 Liter verdünnt	Frühjahr bis Herbst (bei Bedarf)	Pflanze	Blattläuse und andere tierische Schädlinge
		Quassia-Holz kann 3mal ausgekocht werden.		

Im natürlichen Gartenbau müssen wir also diesen Gesichtspunkten Rechnung tragen. Wir verzichten grundsätzlich auf die Anwendung von chemischen Giftstoffen zur Unkrautbekämpfung. In der Regel treten beim naturgemäßen Gärtnern durch die verschiedenen Maßnahmen der Gründüngung, der ständigen Bodenbedeckung mit Nährmulch und Bodenlockerung keine Probleme mit Unkräutern auf. Im kleinflächigen Gartenbau kann mit Doppel- und Pendelhacke mit geringem Aufwand eine Unkrautbekämpfung durchgeführt werden. Vor der Samenbildung eignen sich alle diese Kräuter für die Kompostierung; danach ist große Vorsicht am Platz!

Wer genau beobachtet, welche Unkräuter sich in seinem Garten ansiedeln, kann dadurch bereits auf die Beschaffenheit seines Bodens und auf das Nährstoffangebot für die Pflanze schließen. Überschuß- und Mangelsituationen können so erkannt werden. Damit wird ein wichtiger Hinweis für die entsprechende richtige Maßnahme in der Bodenpflege gegeben. Zum Beispiel werden zu saure Böden mit Algenkalk oder Steinmehl verbessert, während verdichtete Böden mechanisch und mit Hilfe von viel organischen, strukturbildenden Substraten — etwa Nähr- oder Rindenkompost oder Torf (vor allem bei kalkhaltigem Boden) — gelockert werden.

Je nachdem, ob der Boden eine mehr basische oder saure Reaktion zeigt, ob er feuchter oder kälter ist usw., stellen sich an den betreffenden Orten bestimmte Pflanzen ein. Sie erfüllen damit die Funktion eigentlicher Zeigerpflanzen.

Mit vorbeugenden Maßnahmen sollte es möglich sein, Krankheiten weitgehend einzuschränken. Sollte trotzdem ein Krankheitsbefall auftreten, so konsultiere man die Fachliteratur.

Rechts: *Diese Buschbohnen konnten aus einem Gefäß (80 × 22 cm) geerntet werden, Grundlage eines Mittagessens für drei Personen.*

Seite 100: *Die Anwendungsmöglichkeiten für verschiedene Behälter sind praktisch unbeschränkt. Ein altes, außen mit einer ungiftigen Farbe bemaltes Bierfaß bildet hier die Zierde des Hauseingangs (Löcher nicht vergessen). Starke, in biologischer Universalerde gepflanzte Setzlinge entwickelten sich zu ansehnlichen Büschen.*

Welche Behälter eignen sich für Balkon und Terrasse?

Geeignet sind eigentlich alle Behälter, die Erde und Pflanzen aufnehmen können, gleichgültig, aus welchem Material sie angefertigt und wie groß sie sind. Bei Kunststoff sollten wir jedoch darauf achten, daß er auch starker Sonnenbestrahlung standhält. Gewisse Kunststoffe sind empfindlich gegen Hitze und Kälte. Es lohnt sich deshalb, sich beim Kauf über die Widerstandsfähigkeit der Behälter zu erkundigen. Wer nur kleinere Mengen von Küchenkräutern und Salaten anpflanzt, findet auf dem Markt eine große Auswahl an Blumentöpfen, Blumenkistchen aus asbestfreiem Eternit, Kunststoff oder auch aus Holz. Die asbestfreien Eternitkistchen erweisen sich als sehr dauerhaft und witterungsbeständig.

Mobile Mini-Biogärten kann man auf der Terrasse aufstellen. Man baut eine der gewünschten Größe entsprechende kleine Trockenmauer aus Backsteinen oder bastelt mit Holzlatten oder -balken ein quadratisches oder rechteckiges Geviert. Diese Wanne «ohne Boden» wird dann mit einer pflanzenfreundlichen Folie ausgekleidet und seitlich mit Wasserlauflöchern versehen.

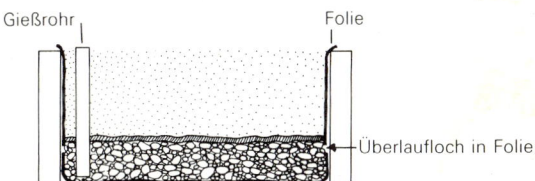

Gießrohr — Folie

←—Überlaufloch in Folie

Wer eine zusätzliche Wasserreserve schaffen will, legt die Überlauflöcher drei bis fünf Zentimeter über dem Boden an und füllt vorerst eine bis zu einem Zentimeter über dem Überlauf liegende Schicht aus Blähton, Bimskies oder ähnlichem Material ein. Darüber legt man ein Vlies aus durchlässigem Kunststoff oder eine dünne, unbehandelte Steinwoll- oder Glasfasermatte.

In diesem Pflanzenturm, der aus drei kastenförmigen Stufen besteht, wurden auf der einen Seite Erdbeeren gepflanzt, während auf der anderen Kresse und später Feldsalat gesät wurde. Durch die starke Besonnung und aufgrund der besonderen Eigenschaften der Erdmischung (je zur Hälfte «Lutewa»-Universalerde und Gartenerde) zeichneten sich die Früchte durch ein besonders gutes Aroma aus.

Rechts: *Mobile Mischkulturen in einem neuen, asbestfreien Eternitgefäß — ideal für den Terrassengärtner.*

Wer keinen eigenen Garten besitzt und auch nicht selber eine geeignete Erdmischung zusammenstellen kann, greift am besten zur biologischen Universalerde, die aus verschiedenen umweltfreundlichen Restbestandteilchen aus der Forst- und Landwirtschaft zusammengesetzt ist (siehe Kapitel «Die Methoden des Kompostierens», S. 58 ff.). Doch sei auch an dieser Stelle darauf hingewiesen, daß bei den verschiedenen Produkten große Qualitätsunterschiede bestehen, die sich auf den Ertrag auswirken. Ein reichhaltiges Produkt wie zum Beispiel «Lutewa» wird sich deshalb von organisch aufgedüngten Torfprodukten auch im Preis unterscheiden.

Wenn wir größere Gefäße benötigen, beschaffen wir uns am besten die mobilen Großgefäße aus asbestfreiem Eternit oder Kunststoff, die sich auch für Hydrokulturen bewährt haben und praktisch in allen Fachgeschäften erhältlich sind. Dieses Material ist garantiert pflanzenfreundlich, wasserdicht und vor allem wetterbeständig. Auch hier geht man beim Bepflanzen gleich vor wie bei den beschriebenen Anlagen: Man bringt die Überlauflöcher wenn möglich drei bis fünf Zentimeter über dem Bo-

*Über 2300 Tomaten auf 0,6 m² Fläche — der bisher erfolgreichste
Versuch des Autors seit Beginn seiner Biogartentätigkeit! Zwei mit bio-
logischer Universalerde gefüllte Pflanzengefäße stehen hier in einem
«Mehrzweck-Pflanzenwagen».*
*Im Herbst, im Winter und im Frühling dient dieser mit Tablaren verse-
hene Wagen zur Anzucht von Kräutern, Salaten usw. Im Frühjahr werden
die Tablare entfernt, und das Gestänge wird mit wasserfesten Schnüren
bespannt (als Klettergerüst für die Tomaten).*
*Dieser «mobile Garten» dient auch als Sichtschutz und von Ende Juli bis
Ende Oktober als Früchtespender. Der Wagen enthält zwei Gefäße mit
Wasserreserve.*

Von der Saat zur Ernte. Dieses mit einer Schneckenbarriere ausgestattete Mehrzweckgefäß eignet sich sowohl für die Anzucht als auch als Kleinkomposter.

Zuckermais kann bereits im April ausgesät werden; er entwickelt unter der schützenden Haube kräftige Setzlinge, die entweder im Mai in den Garten versetzt werden oder im Behälter verbleiben. Bis in den Herbst hinein entwickelten sich hier insgesamt acht große Kolben. Als Unterbepflanzung wurde Pflücksalat gewählt, während Buschbohnen als Nachkultur verwendet wurden! Das Resultat: mindestens 24 Salatbeilagen und ein Mittagessen für vier Personen!

den an, damit man über eine zusätzliche Wasserreserve verfügt. An heißen Tagen werden bei stark wachsenden Pflanzen (z. B. bei Tomaten) während der Hauptwachstumszeit auf einer Fläche von 0,6 m² täglich zwischen zwölf und achtzehn Liter Wasser verbraucht. Der Wasserbedarf ist außerdem besonders stark von der Luftfeuchtigkeit abhängig; diese liegt auf Terrassen und Balkonen oft ohnehin zehn bis zwanzig Prozent tiefer als im Freien.

Ein vielseitig anwendbares Mehrzweckgefäß läßt sich für die Anzucht, als Kleingewächshaus, als mobiles Biogärtchen, ja sogar als Kleinkompostieranlage verwenden. Aufgrund der dunklen Farbe nimmt dieses Mehrzweckgefäß viel Sonnenwärme auf, was sowohl bei der Anzucht als auch beim Kompostieren von großer Bedeutung ist. Der Rand des Gefäßes ist so ausgebildet, daß er als Schneckenbarriere wirkt. Eine zerlegbare Holzverkleidung macht dieses vielfältig verwendbare Gefäß auch für das Auge attraktiv; zudem ist es stapelbar. Die zerlegte Holzverschalung läßt sich im Abstellraum leicht unterbringen.

Links: *Als Folgekultur der auf Seite 103 beschriebenen Bepflanzung erbrachten Buschbohnen im Herbst beachtliche Erträge. Nahezu reife Maiskolben in Verbindung mit blühenden Buschbohnen bieten einen hübschen Anblick.*

Folgende Seite: *Stimmungsbild auf der Terrasse des Autors. Die Ziergehölze und die Blumen wachsen in Bioerde im «Multiplant»-Stufengefäß.*

Einige Tips für erfolgreiches Biogärtnern

Terrassen- und Balkongärtnern

Im Terrassen- oder Balkongärtchen ist es besonders hinderlich, wenn zu viele Geräte oder Installationen den beschränkten Platz verstellen. Deshalb ist es vielleicht auch nicht immer möglich, stets genügend Regenwasser für das Begießen der Pflanzen bereitzustellen. In diesem Fall empfiehlt es sich, lauwarmes Wasser einzusetzen, indem wir ein wenig aus der Warmwasserleitung beigeben oder unsere Gießkanne entsprechend lange an der Sonne stehen lassen. Ideal ist eine Temperatur von etwa 25°C.

Zur Verhütung von Fassadenschäden hängen wir die Blumenkistchen — wenn irgendwie möglich — mit etwas Abstand zur Fassade und mindestens auf der Höhe der Brüstung auf (siehe Zeichnungen unten). Auf Mauern gestellte Blumenkisten müssen unbedingt mit Schrauben gesichert werden. Es ist auch vorteilhaft, sie mit Untersätzen zu versehen, damit nicht durch tropfendes Wasser Schäden entstehen. Die Träger der Balkonbrüstung müssen stabil sein, damit Unfälle vermieden werden. Es lohnt sich nicht, hier an der Konstruktion zu sparen.

Gefäße und Blumenkistchen sollen nie an die Fassadenmauer, unter eine Balkonbrüstung oder in eine windstille, stark besonnte Ecke gestellt werden, denn sie nehmen durch Hitzestauung leicht Schaden.

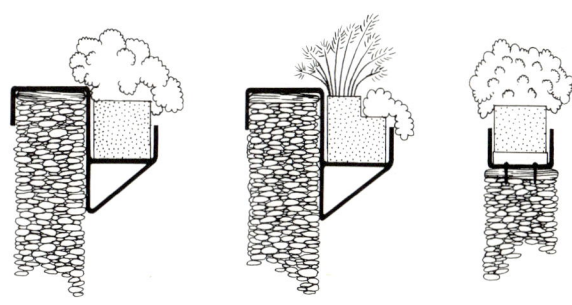

Und noch ein Rat: An die Balkonbrüstung gehängte oder auf sie gestellte Pflanzen gedeihen im «Multiplant»-Stufengefäß besonders gut. Aber Vorsicht bei Windstößen!

Der Kartoffelturm

Versuche mit verschiedenen Kartoffelsorten haben gezeigt, daß mit einfachen Maßnahmen die Erträge bis auf das Dreifache gesteigert werden können. Für den Kartoffelturm verwendet man runde, quadratische oder rechteckige Ringe mit einem Durchmesser von etwa achtzig Zentimetern und einer Höhe von vierzig bis sechzig Zentimetern aus Holz, Kunststoff oder Eternit. Bei der Verwendung von Holz ist Vorsicht geboten: nur Holz mit naturfreundlicher Imprägnierung gebrauchen (zum Beispiel Produkte aus dem «Lutewa»-Sortiment). Diese etwa 22 cm hohen Ringe lassen sich bis zur gewünschten Höhe aufeinanderschichten.

Und so wird ein Kartoffelturm angelegt: Beim Kartoffelanbau zieht man normalerweise eine Furche von etwa zehn Zentimetern Tiefe. Für den Kartoffelturm gräbt man nun ein Loch von zehn Zentimetern aus, dem Durchmesser des Ringes entsprechend (z. B. 80 cm ⌀). Nach dem Aushub wird der Untergrund nochmals mit dem Kräuel etwas gelockert.

Eine bis zwei Schaufeln Kompost mit der aufgelockerten Erde vermischen. Die ausgehobene Gartenerde mit je einem Drittel Torf und einem Drittel reifem Kompost (z. B. «Lutewa»-Nährkompost) gut vermischen und den Aushub bis etwa fünf Zentimeter unter die Oberfläche auffüllen.

Vier bis fünf Kartoffelknollen in einem Abstand von rund zehn Zentimetern vom Rand entfernt gleichmäßig verteilen und das Loch ganz mit der Erdmischung auffüllen.

Den Ring für den Kartoffelturm aufsetzen und die beschriebene Erdmischung einbringen und leicht andrücken. Vermutlich reicht diese Erdmischung nicht aus, so daß nochmals eine Mischung (im gleichen Mischverhältnis) hergestellt werden muß. Es kann auch die im Handel erhältliche biologische Universalerde verwendet werden. Entsprechend dem Nährstoffgehalt

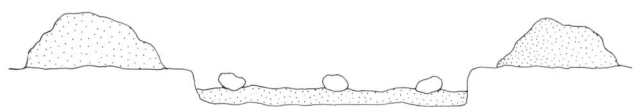

1   Ein rund 10 cm tiefes Loch ausgraben, den Untergrund lockern, eine bis zwei Schaufeln Kompost mit der aufgelockerten Erde vermischen und vier bis fünf Kartoffeln einlegen.

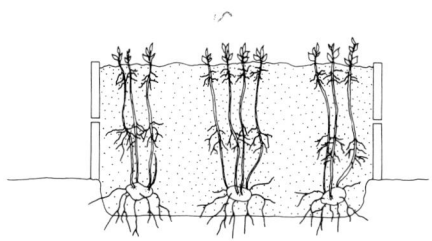

2   Die Kartoffeln bündig zum Boden überdecken, den Ring aufsetzen und diesen mit dem beschriebenen Gemisch auffüllen. Mit dieser Methode gedeihen Kartoffeln auf mindestens drei «Stockwerken».

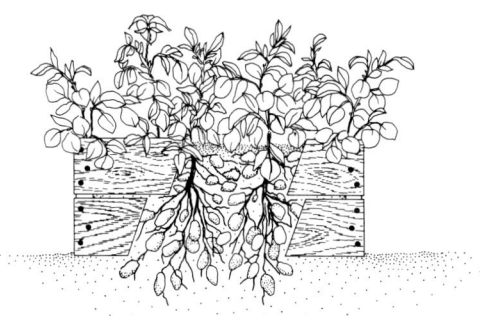

3   Kartoffeln wachsen in Hülle und Fülle unter und über dem Boden.

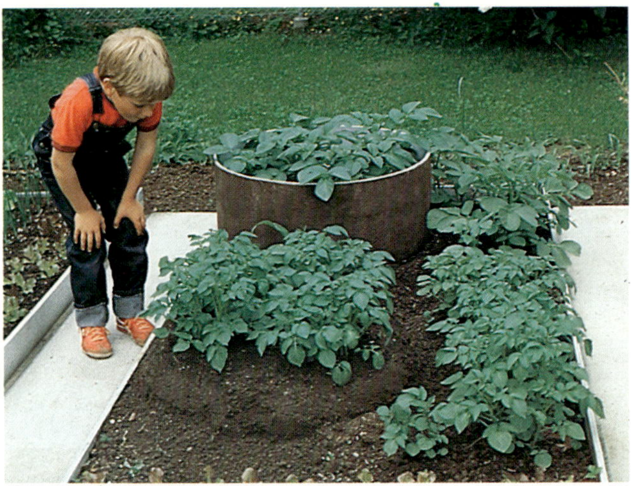

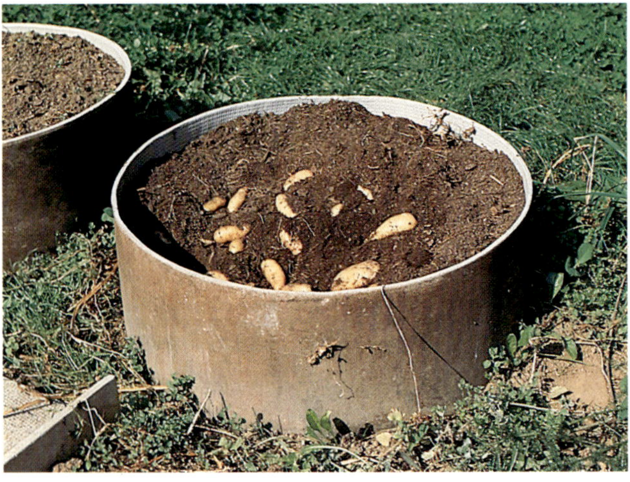

der eigenen oder zugekauften Erde mischt man noch eine bis zwei Handvoll organischen Dünger bei.

Den Kartoffelturm so lange mit einem Folientunnel oder einem Fenster des Frühbeetkastens abdecken, bis die ersten Blätter sichtbar werden. Man achte darauf, daß genügend Luft in den Turm eindringen kann, vor allem bei intensiver Sonneneinstrahlung. Bei sehr warmem Wetter sollte man die Erdmischung bis zum Erscheinen der Triebe leicht überbrausen. Auf jeden Fall ist darauf zu achten, daß die Erde nicht durch ständiges Wässern zu stark verdichtet wird, da die Triebe sonst nur mühsam durch das Erdreich wachsen können oder sogar abfaulen. Erst wenn kein Frost mehr zu erwarten ist, kann man die Abdeckung entfernen. Oft ist es sogar notwendig, die etwas zusammengesackte Erde wieder bis zum Rand aufzufüllen.

Pflege: Während der Vegetationszeit muß je nach Nährstoffvorrat der Erde mit biologischem Universaldünger oder Flüssigdünger nachgedüngt werden. Besonders bewährt hat sich der «Lutewa»-Bio-Flüssigdünger, mit dem Staude und Erde während der Vegetationszeit zwei- bis dreimal überbraust werden.

Links oben: *Sohn Peter beobachtet die Kartoffeln bei ihrem zügigen Wachstum. Zu Demonstrationszwecken wurde beim vorderen Turm der Ring entfernt. Und so wird's gemacht: etwa 8 bis 10 cm Gartenerde ausheben; die Erde etwas lockern; die ausgehobene Erde mit der halben Menge Kompost mischen und etwa 5 cm in die Grube einfüllen; je nach Durchmesser des Kartoffelturms (Rahmen) vier bis fünf Saatkartoffeln einlegen; die Erdmischung bis zum Beetrand auffüllen; den Ring aufsetzen; den Turm randvoll mit der gleichen Mischung auffüllen oder biologische Universalerde verwenden; die Oberfläche mit Folie abdecken und darauf achten, daß die Zufuhr von Frischluft gewährleistet ist und die Erde nicht zu naß wird; wenn die ersten Blätter sichtbar sind, die Folie entfernen; während der Hauptvegetationszeit genügend mit Wasser versorgen und ab Mitte Juni mit biologischem Flüssigdünger zwei- bis dreimal nachdüngen.*

Links unten: *Die Kartoffeln entwickeln sich auf drei Stufen, nämlich unter dem Boden, in der Mitte des Turms und — je nach Herbstwitterung — nahezu unter der Oberfläche.*

Dadurch werden die Pflanzen über Blatt und Wurzeln gleichzeitig ernährt. Zur Vermeidung der Krautfäule wird jedoch beim Gießen mit reinem Wasser ein Befeuchten der Blätter vermieden.

Ernte: Die Ernte erfolgt erst dann, wenn die Stauden zusammenfallen. Dem Bedarf entsprechend nimmt man laufend frische Kartoffeln aus dem Turm und deckt diesen nach jeder Entnahme zu, zum Beispiel mit einem Brett. Mit dieser Methode kann man sogar im Winter jederzeit Kartoffeln ernten!

Ton- oder Plastiktöpfe?

Vor allem der Balkongärtner wird sich die Frage nach der richtigen Gefäßwahl stellen. Dazu möchte ich die folgenden allgemeinen Ratschläge geben:

Schwarze Kunststofftöpfe sollten immer vor direkter Sonnenbestrahlung geschützt werden, da die schwarze Farbe viel mehr Wärme aufnimmt als die weiße. Dadurch treten große Temperaturschwankungen, ja sogar Verbrennungen in den Wurzeln auf. Ihr Vorteil besteht darin, daß die Verdunstung geringer ist als bei den Tontöpfen.

Tontöpfe sind grundsätzlich den Plastiktöpfen vorzuziehen, wenn sie in eine luftdurchlässige, verdunstungshemmende Einfassung gestellt werden. Die porösen Wandungen der Tontöpfe lassen verhältnismäßig viel Wasser verdunsten, was ein Begießen in kurzen Zeitabständen erfordert. Zudem kann durch die starke Verdunstung die sogenannte Verdunstungskälte in der Innenwand des Topfes wachstumshemmend wirken. Die Wurzelentwicklung entlang der Topfwand ist bei Tontöpfen besser als bei Kunststofftöpfen.

Ständige Bodenbedeckung mit Mulch

Durch die ständige Bedeckung des Bodens mit Mulch werden die Bodenlebewesen und die Pflanzen gleicherweise ernährt. Zudem wird der Unkrautwuchs weitgehend verhindert. Weitere Vorteile: weniger häufiges Gießen und Lockern, stetig zunehmende Dauerfruchtbarkeit des Bodens, Vermehrung der Regenwürmer und Aktivierung des übrigen Bodenlebens. Diese großen Vorteile werden von vielen Hobbygärtnern unterschätzt.

Das richtige Ausbrechen der Tomaten kann den Ertrag wesentlich steigern. Unerwünschte Seitentriebe sollte man erst nach dem ersten Blütenansatz ausbrechen. Siehe auch S. 116 ff.

Verlängerung der Ernte durch den Einsatz doppelwandiger Folientunnels

Endivie, Zuckerhut, Kartoffel, Karotte, rote Bete usw. können länger im Gartenbeet verbleiben, wenn sie mit doppelwandigen Folien unter Lufteinschluß abgedeckt werden.

Biologische Schädlingsabwehr mit feinmaschigen Netzen

Lauchmotten- und Möhrenfliegenbefall kann man größtenteils vermeiden, wenn während der Flugzeit das Gemüse mit einem feinmaschigen Netz abgedeckt wird.

Links: So werden kräftige Tomatensetzlinge schräg in das Mehrzweckgefäß eingepflanzt. Die eingebaute Wasserreserve erleichtert die Gießarbeit wesentlich. Wichtig ist, daß die Erde nie austrocknet.

Rechts: Der Erfolg hängt bereits von der Anzucht ab. Dieses Bild zeigt die Vorteile, wenn Tomatensetzlinge möglichst schräg eingepflanzt werden. Es bilden sich so zusätzliche Wurzeln, und auch die Bildung von Blattmasse und später von Blüten und Früchten wird sehr stark angeregt.

Viele interessante Tips verdanke ich dem Schweizer Pionier für biologischen Gartenbau, Mario Howard in Chur, darunter die folgenden:

Besonders erfolgreicher Tomatenanbau

Man schneidet vor dem Auspflanzen alle Blätter bis auf die Krone der Tomaten (die obersten fünf bis sechs Blätter) kurz über der Blattachsel mit einem scharfen Messer ab. Eine Schere eignet sich dafür nicht, weil sie den Blattstiel mehr quetscht als schneidet. Darauf legt man an der Südseite des zuvor eingeschlagenen Tomatenpfahles einen leicht schräg abwärts verlaufenden Graben an und legt die Pflanzen so hinein, daß nur die Krone mit den Blättern über die Beetoberfläche zu liegen kommt. Nun wird der Graben mit der vorher ausgehobenen Erde wieder zugedeckt. Auf gar keinen Fall darf man dabei versuchen, die schräg aus dem Boden herausragenden Kronen nach oben zu biegen — sie würden dabei unweigerlich abbrechen. Nach zwei bis drei Tagen richten sie sich von selbst nach oben, gegen das Licht zu.

Aus jeder Achsel der abgeschnittenen Blätter wachsen nun Wurzeln. Das ist das Entscheidende. Je größer der Wurzelstock einer Pflanze ist, desto besser kann sie sich mit Nährstoffen versorgen und desto gesünder gedeiht sie. Jahrelange Erfahrungen haben gezeigt, daß diese kleinen, aus dem Boden herausschauenden Tomatenkronen in kurzer Zeit den Rückstand gegenüber den nach der üblichen Setzmethode gepflanzten Tomatenpflanzen aufgeholt haben und auch später besser gedeihen.

In mediterranen Gebieten — wie hier auf Mallorca — werden Tomatenwurzeln auf verhältnismäßig hartem, mineralischem Boden mehrere Meter lang. Dank der relativ langen Vegetationszeit und der intensiven Sonnenbestrahlung erreichen die Stauden auch einen überdurchschnittlichen Umfang und tragen eine große Anzahl vollaromatischer Früchte mit besten Lagereigenschaften. Übrigens ist dies ein Beweis dafür, daß sogar Tomaten in warmen Mittelmeergebieten einige Wochen ohne künstliche Bewässerung auskommen.

Nach den Ergebnissen neuester Forschungen bildet eine einzige Tomatenpflanze rund fünfzig Kilometer Wurzeln aus (alle mit bloßem Auge sichtbaren und die nur mit dem Mikroskop erkennbaren Wurzeln aneinandergereiht)!

Die obgenannte alte Methode, die sich immer wieder bestens bewährt, ist ratsam, wenn in besonders kalten Frühjahrsperioden (wie 1984) das Setzen der Tomatenpflanzen wegen der gefrorenen Böden immer wieder hinausgeschoben werden muß

Im Handel werden vermehrt sogenannte «Container-Pflanzen» mit halbreifen oder zum Teil bereits reifen Früchten angeboten. Dies hat den Vorteil, daß man selbst in unseren Klimazonen bereits im Sommer reife Peperoni (Paprika), Auberginen (Eierpflanzen), Tomaten, Melonen usw. ernten kann. Hier wurden die Pflanzen büschelartig in das bereits erwähnte Mehrzweckgefäß gepflanzt.

oder schon zu große Tomatensetzlinge (vom Gärtner oder aus dem Gartenzentrum) ausgepflanzt werden müssen.

Richtiges Begießen der Tomaten

Die Krautfäule der Tomaten fängt immer bei den untersten Blättern der Pflanze an. Hervorgerufen wird sie dadurch, daß diese Blätter ständig benetzt werden, vor allen Dingen beim Gießen.

Man kann diese Krankheit eindämmen oder sogar verhindern, indem man die untersten Blätter, die ja oft auf dem Boden aufliegen, abschneidet und an der Nordseite des Tomatenpfahles einen Blumentopf von 10 bis 15 Zentimetern Durchmesser bündig zur Erdoberfläche eingräbt. Beim Gießen füllt man diesen Topf mit einer Gießkanne (keine Brause verwenden!). Auf diese Weise verhindert man, daß die untersten Blätter benetzt werden; zudem erhält jede Pflanze die gleiche Wassermenge.

Diese sehr alte, praktische Methode ist leider bei vielen wieder in Vergessenheit geraten. Zu Unrecht, wie ein entsprechender Versuch zeigt.

Knollenfenchel frühzeitig pikieren

Fenchel (und übrigens auch rote Beten) sollten sehr früh pikiert (in größeren Abständen neu eingepflanzt) werden, das heißt schon dann, wenn sich die Keimblätter voll entwickelt haben und das erste Blatt zwischen den Keimblättern herauszuwachsen beginnt. Leider sind die meisten Pikiertöpfe und Schalen zuwenig tief. Die Pfahlwurzel dieser Pflanze muß sich ohne Störung nach unten entwickeln können, genauso wie beim Zukkermais und bei den roten Beten.

In Gegenden mit rauhem Klima und in Höhenlagen über fünfhundert Metern kann man den Frühjahrsfenchel nicht direkt im Gartenbeet säen, sondern muß ihn als Setzling auspflanzen. Nur auf diese Weise erntet man in diesen Gegenden schöne Fenchelknollen.

Alle aufschießenden Fenchelpflanzen lassen darauf schließen, daß beim Pikieren (aus der Saatschale in Einzeltöpfe oder Topfplatten) die Pfahlwurzel, die zu diesem Zeitpunkt noch einer Haarwurzel gleicht, umgebogen wurde.

Pflege der Himbeeren

Daß die Himbeerpflanzen sich mit jedem Jahr weiter vom eigentlichen Drahtgestell entfernen, liegt nach meinen Erfahrungen nur an der falschen Pflege bzw. am falschen Schnitt.

Himbeeren sind Flachwurzler, weshalb sich viele scheuen, diese Triebe mit einer Blatt- oder Pendelhacke zu entfernen, im Boden abzuschneiden und auszureißen. Wenn genügend Bodenbedeckung (Mulch) vorhanden ist, stört diese «Amputation» die Mutterpflanze nicht.

Durch das Abschneiden der nicht unter dem Drahtgestell wachsenden Schößlinge geht die Wuchskraft in die unter dem Gestell wachsenden über. Natürlich würden die außerhalb des Drahtgestells wachsenden Triebe besser gedeihen, weil sie mehr Licht und Wärme haben, aber die Himbeeren sollen ja schließlich am Gestell wachsen und nicht daneben.

Eine weitere Maßnahme für das gute Gedeihen der Himbeeren besteht darin, daß die unter dem Drahtgestell wachsenden Schößlinge ausgelichtet werden, sobald sie dreißig bis vierzig Zentimeter hoch geworden sind. Je Laufmeter läßt man nur acht bis zehn Ruten stehen. Die Kraft der Pflanze wird nun in diese Triebe fließen.

Verletzungen an den Ruten entstehen besonders dann, wenn sich die Neutriebe unter dem Drahtgeflecht an den alten, früchtetragenden Trieben oder auch aneinander reiben. Dies geschieht gerne, wenn sich bei Wachstumsrückstand die Ernte der Früchte an den vorjährigen Trieben verspätet, so daß diese erst im Sommer herausgeschnitten werden können. Inzwischen wachsen die neuen Ruten bereits sehr stark heran, und alte und neue Ruten reiben sich von neuem. Die Folge kann eine Rutenkrankheit sein (Pilzbefall), die viele Jungtriebe in Mitleidenschaft zieht.

Nach der Ernte, das heißt nach dem Herausschneiden der zweijährigen Ruten, sollten die jungen Triebe sorgfältig an die Drähte des Gestells gebunden werden, so daß jede weitere Reibung und die damit verbundenen Verletzungen der Rinde vermieden werden. Allerdings muß im nachfolgenden Frühjahr und Sommer darauf geachtet werden, daß überwinternde Sporen dieser Pilzkrankheit nicht neuen Schaden anrichten.

So einfach ist das Vermehren von Erdbeeren in einer Balkonwanne: die Ableger in Anzuchttöpfe pflanzen und abwarten, bis sie festgewachsen sind. Bei der Stufenwanne «Multiplant» können Ableger direkt in die untere Stufe gepflanzt werden.

Folgende Seite:
Hier wurde das Schöne mit dem Nützlichen verbunden — Tomaten und Auberginen (Eierpflanzen) gedeihen zusammen in einer «Gemein-schaftspflanzung».

Pflegeleichtes Biogärtnern — in Kürze

Die Gartenplanung

Beginnen Sie bereits im Winter mit der Gartenplanung und beachten Sie die folgenden Regeln:

den richtigen Standort für das Anlegen des Nutzgartens auswählen

die Gartenbeete einteilen (Mischkulturen planen)

die Gehwege ausmessen und das benötigte Material bereitstellen: asbestfreie Eternitgehwege, Kunststein- oder Natursteinplatten usw. Für die Wahl des geeigneten Materials sowie für das Versetzen sollte man sich genügend Zeit nehmen. Damit erspart man sich die unangenehmsten und mühsamsten Gartenarbeiten: das Herrichten der Beete und das Säubern der Wege von Unkraut

geeignete Standorte auswählen für Wasserbezug, Kompostanlage, Gerätehaus, Frühbeetkasten, Kräuterbeete, Lagerstätte für Äpfel, Birnen, Knollen- und Wurzelgemüse

Nützlinge fördern durch das Aufhängen von Nistkästen, Pflanzen von Hecken usw. (für Vögel, Igel, Ohrwürmer u. a.)

Erste Maßnahmen zur Umstellung auf biologische Anbauweise

Schwere, lehmige oder steinige Böden sollten in möglichst trockenem Zustand zuvor tief gelockert und wenn möglich von Steinen gesäubert werden. Es lohnt sich, vor der Umstellung sämtliche Gartenbeete ebenfalls in möglichst trockenem Zustand etwa zehn Zentimeter tief umzugraben beziehungsweise die vorher mit dem Kräuel gelockerte Erde mit Hilfe eines Wurfsiebes zu entsteinen. Der Boden muß dann später nicht mehr umgegraben, sondern nur noch gelockert werden. Dadurch gelangen die tiefer gelegenen Steine nicht mehr an die Oberfläche.

Falls Sie nicht über die nötigen Vorkenntnisse verfügen, weist Ihnen das Biosystem «Lutewa» den Weg, in der Anwendung von nur drei Grundprodukten bereits im ersten Umstellungsjahr zu beachtlichen Ergebnissen zu gelangen. Nützlich sind auch Einführungskurse für den biologischen Gartenbau.

Untersuchen Sie die Beschaffenheit und den Zustand Ihres Gartenbodens! Falls Sie darin noch keine eigenen Erfahrungen gemacht haben, wenden Sie sich an ein Fachgeschäft oder an die regionalen Organisationen für biologischen Landbau.

Bei schlechten Böden lohnt es sich, fruchtbaren Humus zu kaufen. Er wird in einer Schicht von acht bis zehn Zentimetern Dicke aufgetragen.

Bei mittelmäßigen Böden empfehlen wir, im ersten Jahr eine drei bis fünf Zentimeter dicke Schicht biologischen «Lutewa»-Nährkompost leicht einzuarbeiten und entsprechend der vorgesehenen Kultur «Lutewa»-Universaldünger auszustreuen.

Bei sehr humusreichen und biologisch aktiven Böden genügt es, einen bis drei Zentimeter «Lutewa»-Nährkompost und für starkzehrende Pflanzen zusätzlich «Lutewa»-Universaldünger einzuarbeiten.

Da auch in der Natur die Erde immer bedeckt oder bewachsen ist, soll der Boden immer mit («Lutewa»-)Nährmulch und/oder eigenem Abdeckmaterial bedeckt sein.

Das Biosystem «Lutewa» wird Ihnen zu sicheren Erfolgen verhelfen, weil

die drei Hauptprodukte harmonisch aufeinander abgestimmt sind

die äußerst vielseitige Zusammensetzung ein gesundes Wachstum fördern wird und zugleich vorbeugend gegen eine Anzahl von Krankheiten und Schädlinge wirkt

Fehler praktisch ausgeschlossen sind

Sie die Natur mit diesem neuartigen System bestmöglichst imitieren

Mein Tip: Vorsichtige Biogärtner stellen nicht den ganzen Garten auf einmal um. Machen Sie es wie ich: Fangen Sie mit drei bis vier Gartenbeeten an! Wer die Wirkweise des Biosystems «Lutewa» selbst mit bisherigen Methoden vergleichen will, stelle zunächst nur drei Viertel jedes einzelnen Beetes nach meinem System um, und behandle das restliche Viertel wie bisher.

Eine eigene «Düngerfabrik» in Betrieb nehmen

Ein vielseitig zusammengesetzter Kompost bildet die Grundlage jedes Biogartens. Ganz am Anfang steht meistens zuwenig oder ein qualitativ schlechter Kompost zur Verfügung. Damit guter Kompost jederzeit in genügender Menge zur Verfügung steht, sollte man mit der Verwertung der anfallenden Abfälle beginnen und diese zu wertvollem Kompost verarbeiten. Zum «Impfen» mischt man etwa ein Drittel reifen Kompost bei (im Bedarfsfall kaufen). Wer mit der Kompostherstellung besondere Schwierigkeiten hat, soll vorläufig seinen eigenen Kompost nur oberflächlich ausstreuen (Flächenkompostierung) und biologischen Pflanzennährkompost dazu kaufen, bis die ersten Erfolge eintreten.

Im Garten ein ökologisches Gleichgewicht anstreben

Behandeln Sie Ihren Garten wie ein dicht bevölkertes Terrarium. Die Millionen von Lebewesen müssen mit vielseitigem Kompost ernährt werden. Gründüngung und Mischkulturen unterstützen diese Maßnahmen entscheidend.
Verlieren Sie nie die Geduld und beginnen Sie in größeren Zeiträumen zu denken! Rückschläge können auch durch die Qualität von Pflanzensorten oder durch die Witterung bedingt sein. Sie werden sich im Laufe der Zeit mehr und mehr in die natürlichen Vorgänge einfühlen, selber erfolgreich kompostieren und anspruchsvollere Mischkulturen anlegen.

Und denken Sie daran:
gesunder Boden
gesunde Pflanzen
gesunder Mensch

Personen- und Sachwortverzeichnis

*Die kursiv gedruckten Zahlen bezeichnen die Abbildungen,
die halbfetten weisen auf die Haupttextstellen hin.*